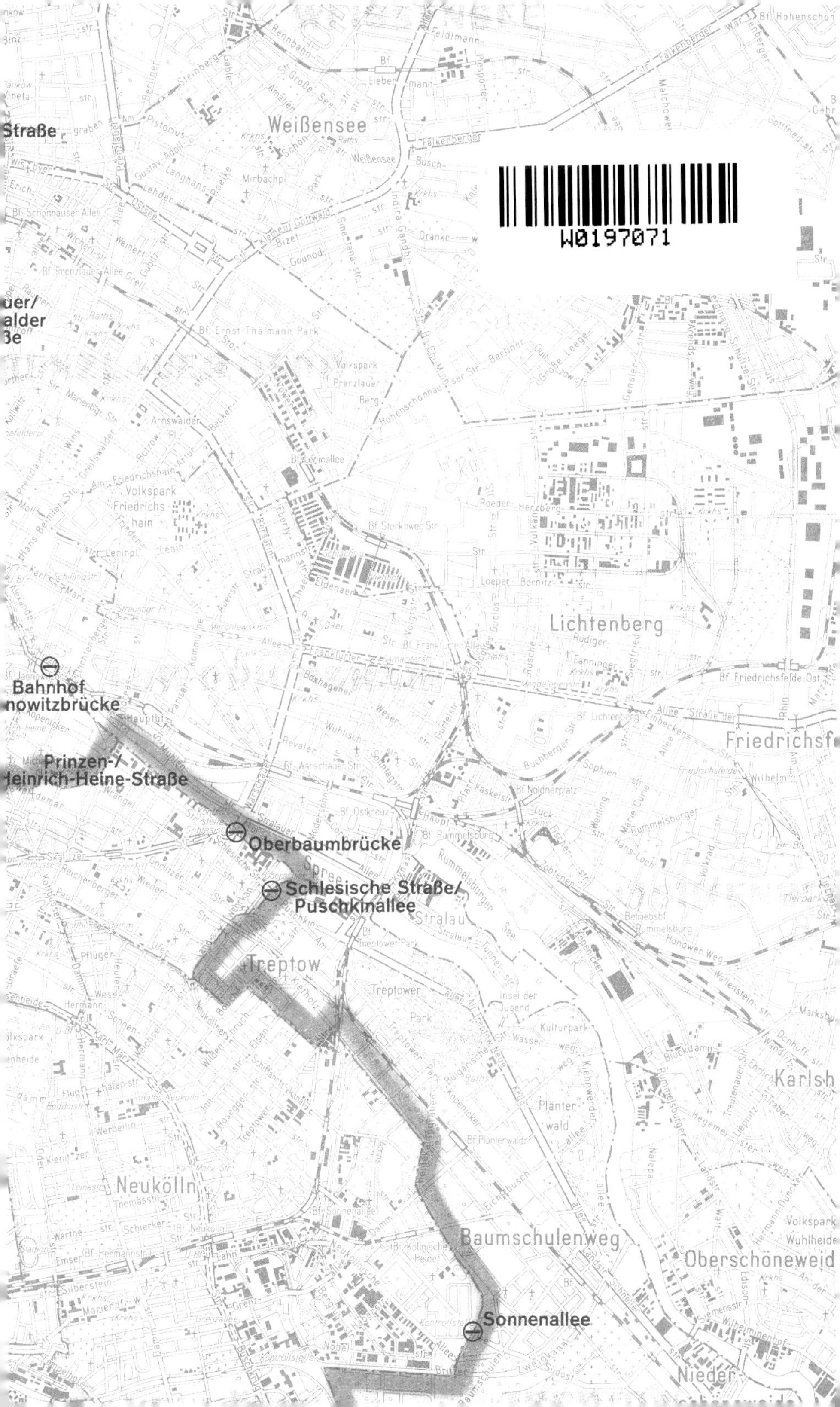
W0197071
Weißensee
Lichtenberg
Friedrichsf
Karlsh
Treptow
Stralau
Neukölln
Baumschulenweg
Oberschöneweid
Bahnhof
nowitzbrücke
Prinzen-/
Heinrich-Heine-Straße
Oberbaumbrücke
Schlesische Straße/
Puschkinallee
Sonnenallee
Straße
uer/
alder
ße
Volkspark
Friedrichs-
hain
Volkspark
Prenzlauer
Berg
Treptower
Park
Rummelsburger
See
Plänter
wald
Volkspark
Wuhlheide
Bf Ernst Thälmann Park
Bf Storkower Str
Bf Frankfurter Allee
Bf Lichtenberg
Bf Friedrichsfelde Ost
Bf Nöldnerplatz
Bf Rummelsburg
Bf Ostkreuz
Bf Warschauer Str
Bf Treptower Park
Bf Plänterwald
Bf Sonnenallee
Bf Neukölln
Bf Hermannstr
Bf Köllnische Heide
Bf Schönhauser Allee
Bf Prenzlauer Allee
Bf Leninallee
Insel der Jugend
Kulturpark

Fuochi Feltrinelli

Ezio Mauro

Anime prigioniere

Cronache dal Muro di Berlino

Prima edizione in “Fuochi” ottobre 2019

Stampa Grafica Veneta S.p.A. di Trebaseleghe - PD

ISBN 978-88-07-07050-1

Anime prigioniere

"Tutto può ancora accadere perché nulla può durare in eterno."

MIKHAIL BULGAKOV, *Il Maestro e Margherita*

Introduzione

Attraversavo Berlino Est dall'aeroporto al centro: il giornale mi aveva mandato da Mosca a seguire le manifestazioni per il quarantesimo anniversario della Ddr, il 7 ottobre 1989. La parata ufficiale, il discorso di Erich Honecker, le reazioni della gente per strada e soprattutto l'incontro dei dirigenti della Germania Orientale con Mikhail Gorbačëv, l'uomo delle riforme che stavano cambiando il volto dei Paesi comunisti, ma non riuscivano a contagiare l'universo immobile della Ddr: eresia e ortodossia bolsceviche si scambiavano il ruolo e i punti cardinali, con la periferia dell'impero che si ribellava alla capitale, nel nome della fedeltà a Lenin.

Guardavo dal finestrino le luci, le insegne, le vetrine dei negozi che rispetto all'offerta sovietica sembravano mostrare qualche prodotto e qualche colore in più, sufficienti per consentire a Honecker, la sera dopo, di rispondere sgarbatamente a Gorbačëv, che lo invitava a imboccare la strada della Perestrojka: "Ma voi avete burro a sufficienza per il vostro popolo?". Soprattutto guardavo i ragazzi e le ragazze in giro di notte per le strade di Berlino Est. "Che bella," dissi stringendo la mano a Bernardo Valli, vecchio amico che per la stessa ragione era arrivato dalla Francia, "sembra Parigi." "Che brutta," mi rispose sorridendo, "sembra Mosca." In questo gioco dei destini invertiti ci sono tutta l'ambivalenza della città e la dannazione del suo doppio significato simbolico, che attirava lo sguardo del mondo intero e lo sdoppiava ribaltandolo secondo la prospettiva, da Occidente o da Oriente.

Dopo cena andammo a camminare lungo il Muro, come facevo ogni volta che arrivavo a Berlino Est. Il secolo stava finendo, la distensione conquistava credito e spazio, i fantasmi del dopoguerra e della Guerra fredda sembravano scolorire in un'Europa che aveva ormai introiettato la sua divisione, accettandola come un'abitudine o una malattia cronica. Solo il Muro, enorme e immobile davanti a noi con le sue luci carcerarie, testimoniava la follia del Novecento, la condensava nell'iperrealtà del sopruso ingigantito fino all'arbitrio, ma anche in un monumento alla potestà assoluta e insindacabile, libera dal dovere politico di qualsiasi rendiconto a qualunque sembianza di pubblica opinione. C'era già (o c'era ancora), in quella barriera, tutta la forza fisica del potere, insieme con tutta la sua impotenza. La costrizione di dover controllare lo spazio, perché non si possono controllare gli uomini e le donne che lo attraversano. La pubblica rinuncia al consenso, che l'evidenza del Muro rendeva obbligatorio, anzi artificiale, quindi inutile.

Berlino era una tappa abituale in quegli anni. Chi viveva a Mosca aveva talvolta bisogno d'Occidente, camminare, cercare libri, parlare, mangiare, acquistare, o semplicemente andare al cinema, passare all'edicola o sedersi in un caffè su una piazza con il municipio e la cattedrale, magari i portici. Ritrovare la geometria civica dell'Ovest mentre si studiava l'Est, misurare coi passi la sua topografia culturale.

Dunque Berlino. Si atterrava a Est, si raggiungeva l'Ovest. E in mezzo, quella presenza, come se il Novecento avesse scelto Berlino come palcoscenico predestinato per mettere in scena l'eterna dannazione d'Europa. Sempre, guardando il Muro, mi colpiva la fissità del suo significato perenne, stabilito una volta per tutte, conficcato nel terreno e nella storia, sorvegliato dalle torrette di guardia da cui il regime scrutava il suo futuro, custodito dal filo spinato che correva in mezzo alla modernità e al continente.

La politica s'infrangeva contro, credeva di proteggersi ma andava in pezzi mentre si cementava, frantumando i diritti e la libertà. Tutto il racconto retorico delle due propagande, costruite all'Est e all'Ovest, tutta la doppia impalcatura ideologica dell'Oriente e dell'Occidente sembravano preparati apposta per essere recitati qui, davanti ai varchi impediti, con i Vopos, la "Polizia popolare", di guardia. Ma in realtà non c'era bisogno di replicare all'evidenza murata, non c'era nulla da aggiungere. Il Muro non pretendeva e non consentiva risposte, era il *finis terrae* della politica, il suo limite estremo.

Inconsapevolmente, il comunismo monumentale denunciava nelle sue opere l'ossessione per il tempo, lo scorrere della storia che si può riscrivere o cancellare, ma nel suo fluire è incontrollabile. A Mosca la tomba di Lenin sulla Piazza Rossa sacralizzava la mummia, fermava il passato e fissava l'eternità dell'*iskrà*, la scintilla rivoluzionaria, come in una pretesa divina. A Berlino il Muro ubbidiva al titanismo primordiale del sistema pietrificando il futuro, impedendo l'orizzonte e cancellando il mondo esterno, quasi una tentazione diabolica. Le moderne piramidi del comunismo sembravano specchiarsi l'una nell'altra e insieme nella simbologia del regime, di cui a distanza ribadivano il significato. In questo senso erano esemplari, ma non dicevano tutto. Sapevamo che la prima, nel cuore dell'impero, segnava l'inizio di una storia che doveva cambiare il mondo. Ignoravamo che la seconda, nel centro dell'Europa, recintava in realtà la fine di ogni cosa, quel mondo, e soprattutto l'illusione trasformata in tragedia.

Perché la fine è qui, quando crolla il Muro. Prima il comunismo si decompone a macchia, nei Paesi dell'Est, man mano che le riforme partite dal Cremlino (per l'istinto finale di sopravvivenza di un sistema esausto) portano con sé dosi incontrollate di libertà: che si cumulano, si esaltano, si potenziano fino a spalancare la porta socchiusa dei regimi orientali. Poi il dialogo tra Mosca e Washington e la nuova fiducia crescente disarmano la paura eterna dei carrarmati sovietici contro la ribellione eretica nei satelliti. Quindi la valanga, una vera e propria rivoluzione che terremota la metà simbolica del mondo, un pezzo reale di Europa finito dietro la Cortina di ferro per decenni. Ma bisogna aspettare il 9 novembre dell'89, vedere la felicità impazzita delle due Berlino che in una notte ritornano per sempre una sola città, per capire come quella breccia che squarcia il Muro segni in realtà il passaggio da un'epoca all'altra.

Per questo ho seguito due registri in questo racconto, quello del miracoloso 1989, l'anno che cambiò il mondo, e quello della "grande epoca", l'avventura del comunismo che si fa Stato e dittatura, ritagliata sui ventotto anni di dominio del Muro.

Ogni capitolo prende l'avvio da una vicenda del 1989, raccontato mese per mese: e poi, attorno, si sviluppa la storia della Ddr, l'immediato dopoguerra, la distruzione dei bombardamenti, il blocco di Berlino e il ponte aereo, la rivolta operaia del '53, fino a quella notte fra un sabato e una domenica di agosto nel '61, quando i soldati acquartierati attorno al centro capirono soltanto a mezzanotte che quelle tonnellate di filo spinato e quei sacchi di cemento ammassati sui camion sarebbero serviti a costruire una barriera attraverso la città. Da qui nascono il racconto del "cielo diviso", la separazione delle famiglie, le fughe, le uccisioni, lo spionaggio scientifico della Stasi sui cittadini, la seduzione del potere sugli intellettuali, divisi tra l'autonomia culturale e politica del loro lavoro e il tradimento delle Muse, con l'acquiescenza al regime, o la collaborazione clandestina.

Ma c'è anche la vita, sia pure circondata dal Muro: il mondo oggi scomparso della Ddr, i suoi odori e i suoi profili, gli amori e le passioni, lo sport dopato e i campi di nudisti, il modernismo della plastica e la musica delle star occidentali che venivano qui a registrare i loro dischi, le chiese dove si coagulava il primo dissenso, le Trabant che partivano per le vacanze nei Paesi fratelli. Finché il bisogno di vivere esplode cercando sfogo nei varchi di frontiera aperti nell'Est, gonfia i "treni della libertà", e infine spalanca il Muro con il decreto di un regime estenuato, che non si accorge di aver firmato la sua resa.

Ho incontrato i testimoni del Muro. I parroci luterani che hanno coltivato le primitive ribellioni, gli uomini che scavavano le gallerie per la fuga, gli oppositori che hanno aperto i dossier della Stasi con i nomi segreti degli amici che li spiavano, il borgomastro di quella notte, quando correva per le strade con la sciarpa rossa e il megafono in mano, il pastore protestante e dissidente che diventerà presidente della Repubblica nella nuova Germania unificata. Trent'anni dopo, i luoghi parlano ancora: l'ufficio di Mielke, l'onnipotente ministro della Stasi, con la linea telefonica diretta con Mosca; il carcere dove venivano rinchiusi i sospettati fino alla confessione; gli archivi della polizia segreta. Ma anche la finestra degli Hansa Studios, al 38 di Köthener Straße, da cui David Bowie vide due ragazzi che si baciavano "by the wall" e decise di scrivere *Heroes*, cantando la ribellione dell'amore che risuonò oltre il Muro, a Est.

La distanza di tempo ha modificato la percezione del mostro, bisogna camminare per Bernauer Straße, oggi, per immaginare cos'era questa strada divisa tra due mondi, con il lato sud che apparteneva alla Ddr e il lato nord che era occidentale: e la gente che si buttava dalle finestre prima che venissero sigillate, per sfuggire all'incedere del Muro. Che si può trovare, intatto, al Cimitero degli Invalidi, dove corre parallelo al canale e passa indifferente di fianco alla tomba del Barone Rosso, isolandola dal resto del mondo. Parlano anche le carte, a sorpresa. La trascrizione della lunga telefonata tra Chruščëv e Ulbricht in cui viene decisa operativamente la costruzione del Muro, i verbali del Comitato centrale della Sed – il partito guida della Ddr – nei giorni dello sbandamento finale, tra urla, invettive, accuse e rimpianti.

Parla, infine, il silenzio. All'ora notturna in cui è caduto il Muro non c'è nessuno sul ponte ferroviario di Bornholmer Straße e davanti al nulla si può immaginare tutto. La notte che si gonfia di voci dopo l'annuncio in tv sull'apertura del confine, la folla che preme, il comandante Jäger che tiene schierate le sue guardie di frontiera armate ma intanto chiede al telefono istruzioni che non arrivano. È il posto, la notte, il momento: doveva succedere proprio qui. La storia passerà tra pochi minuti attraverso questo buio, la gente sposterà la barriera, i soldati aiuteranno e si faranno da parte. Ma c'è un attimo, prima, ed è l'ultimo, perché tutto deve ancora accadere: il tenente colonnello per l'intera vita ha ricevuto ordini e li ha eseguiti, ora non ha più nessun comando a cui ubbidire. Guarda la barriera e non sa cosa fare. Il Muro non garantisce ormai più il potere e il potere non protegge più il Muro. Questa è la formula della caduta, la chiave di Berlino, il saldo del Novecento.

1.

L'incredibile 1989

Berlino, gennaio 1989

Finì il brusio. Lui portava la camicia bianca anche quel giorno, e una cravatta di nomenklatura larga con le righe sottili, sotto il vestito scuro con lo stemma del partito all'occhiello: due mani robuste da lavoratore che si stringono davanti alla bandiera rossa. Ma quando si alzò dal tavolo d'onore, inclinando verso il pubblico in sala i suoi settantasette anni, Erich Honecker sembrò soprattutto un vecchio, con i suoi capelli bianchi che testimoniavano il tempo passato dal 1971, quando aveva conquistato il partito, il potere e l'intera Ddr, tenendo in pugno tutto per diciotto anni. Si aggiustò gli occhiali davanti alla tribuna – senza sapere che avrebbe ripetuto lo stesso gesto, meccanicamente, tre anni dopo di fronte al tribunale tedesco che lo accusava di omicidio criminale e abuso di potere –, quindi pronunciò davanti ai tre microfoni, scandendola, la sua ultima profezia sovrana, che voleva essere un atto di fede ma risuonò piuttosto come un esorcismo: "Il Muro esisterà ancora, anche fra cinquanta o cent'anni, finché non verranno meno le premesse che lo hanno reso necessario".

Intorno a lui tutto sembrò per un attimo immutabile, come sempre: la tribuna di legno chiaro, i fregi a far da cornice, l'applauso dei dirigenti. Ma era un sabato ingannevole quel 18 gennaio, come la temperatura insolita che segnava 7,3 gradi a Berlino. Lentamente, l'anno era appena cominciato. Era l'incredibile 1989.

Nessuno sapeva che sarebbe stato l'anno dei miracoli. Gennaio era arrivato anonimo, dopo una vacanza ordinaria, con qualche merce in più (soprattutto salumi) nei negozi per le feste, e addirittura – raccontava qualcuno – introvabili bottiglie di vino georgiano. Certo, l'anno vecchio era finito con qualche fuoco d'artificio nel cielo disabitato del comunismo europeo. In Jugoslavia per la prima volta la crisi economica a dicembre aveva fatto cadere il governo, costringendo Branko Mikulić alle dimissioni; in Ungheria il Parlamento aveva accettato di discutere un progetto per introdurre il pluralismo con partiti indipendenti e non comunisti; in Polonia Lech Wałęsa aveva addirittura costituito un governo ombra; e infine Mikhail Gorbačëv aveva appena annunciato nel suo discorso all'Onu il ritiro unilaterale e senza condizioni di 500.000 soldati sovietici, 10.000 carrarmati e 800 aerei dall'Europa. "Quest'uomo è sincero," aveva commentato il segretario di Stato americano George Shultz, dopo l'inconsueto incontro a tre a New York del leader dell'Urss con i presidenti entrante e uscente degli Stati Uniti, George Bush e Ronald Reagan.

Ma erano altri i segni, bizzarri, minimi, e tuttavia trasgressivi e insistenti, che a Berlino Est si osservavano con inquietudine. Come mai sull'aereo al seguito di Gorbačëv (battezzato sottovoce nientemeno che "Glasnost one") erano stati fatti salire per la prima volta registi, scrittori, artisti, disseminandoli poi nei talk show americani a parlare a qualsiasi ora di pace e di riforme? Com'era possibile che un accademico come Georgij Arbatov, presidente dell'Istituto sovietico per gli Stati Uniti e il Canada, si presentasse in televisione a sostenere il dialogo tra Mosca e il capitalismo, arrivando a dire che "in fondo quando vado da Bloomingdale's o da Macy's nessun commesso mi chiede se sono comunista, piuttosto mi chiedono la carta di credito"? Bloomingdale's? Carta di credito? Roba mai vista. Come gli invitati alla cena newyorkese in onore di Raisa Gorbačëva a South Place, dove con i diplomatici dell'Onu e le signore Reagan e ne sedevano a tavola la moglie dell'editore del "New York Times", Carol Sulzberger, la conduttrice dell'*Abc* Barbara Walters, la star del gossip Andrea Mehle, in arte Suzy, e infine la regina americana dei cosmetici e dei profumi Estée Lauder.

Tra cipria e pettegolezzi, cosa stava capitando al vecchio blocco comunista, che aveva incatenato mezza Europa per quasi cinquant'anni senza badare all'estetica, tantomeno alle maniere e ancor più ai giudizi altrui, autocentrato per metodo, autosufficiente a ogni costo, comunque impermeabile? Come se il Woland di Bulgakov con i suoi sortilegi diabolici capaci di rovesciare il mondo fosse tornato a camminare per i viali di Mosca, ora dal Cremlino arrivava la notizia del genero di Brežnev – onnipotente padrone dell'impero comunista per diciotto anni – condannato ai lavori forzati, mentre il nome del predecessore di Gorbačëv, Konstantin Černenko, veniva cancellato per decreto dalle aziende e dalle scuole che gli erano state intitolate. Non solo: il giorno di Natale durante la messa cantata nell'unica chiesa cattolica di Mosca, San Luigi dei Francesi, don Stanislaus Mazeika annunciò a sorpresa che papa Karol Wojtyła mandava in regalo ai fedeli di Russia la Bibbia tradotta in cirillico, che per decenni aveva circolato solo clandestinamente come un *samizdat*: e adesso usciva rilegata da trentadue scatole che contenevano ognuna sessantasei volumi, di fianco all'altare dove passarono in coda per giorni 2112 persone a ricevere il sacro dono, mentre si chinavano a baciare la mano del vecchio parroco, facendo tre volte il segno della croce.

Giovanni Paolo II si era anche affacciato in diretta per la prima volta nella storia dalla televisione di Stato sovietica pregando per l'Armenia terremotata nella benedizione di Natale, ora davvero "urbi et orbi" grazie all'eresia gorbacioviana: che mostrava agli spettatori sovietici di un Paese ufficialmente ateo il papa di Roma, per di più slavo dopo duemila anni, dunque ex suddito ribelle rivestito dei paramenti sacri, regali e universali. Quasi contemporaneamente, in una sorta di compensazione pagana, sulla "Moskovskaja Pravda" era comparso all'improvviso un intruso inconcepibile per un giornale sovietico fin dal 1917, l'inizio di tutto: impaginato su tre colonne, illustrato con una candela e un corvo, firmato da Eremel Parnov specialista nelle arti della magia bianca e nera, era l'oroscopo, che con Saturno dominante nell'anno del Serpente, garantiva un '89 benevolo per i Pesci, per i Gemelli, per la Glasnost e per l'ambiente.

Il cielo, sacro e profano, sapeva quanto il nuovo anno avesse bisogno di buoni auspici. L'Armata Rossa si preparava a portar via tutti i suoi uomini dall'Afghanistan entro il 31 gennaio; a Varsavia Jósef Czyrek, a nome del generale Jaruzelski, proponeva a Solidarność "un socialismo senza Lenin"; a Mosca gli scrittori chiedevano la riabilitazione di Solženicyn; negli Urali tre inviati americani venivano ammessi per la prima volta a visitare il gulag Perm 35, un campo di lavoro per detenuti colpevoli di reati d'opinione, mentre a Praga il 16 gennaio il potere non riusciva più a impedire – nonostante 1300 arresti – una grande manifestazione non autorizzata in piazza San Venceslao in memoria di Jan Palach, che vent'anni prima su quella piazza si era dato fuoco per protestare contro l'invasione sovietica e contro la censura.

Soltanto nei 108.000 chilometri quadrati della Ddr il vento dell'89 faticava a entrare, nemmeno con il soffio controllato della Perestrojka. Anzi, quel tentativo dei partiti comunisti al potere nell'Est europeo di aprire confusamente alle riforme per dar respiro alla dittatura, controllando i segnali di dissenso in popolazioni soffocate dalla penuria e dal peso del regime, spaventava la Sed, il partito-Stato tedesco-orientale. Stretta fra la potenza risorgente della Repubblica Federale Tedesca e l'indebolimento crescente dei sistemi comunisti fratelli, la Germania dell'Est si rinserrava davanti all'urto dell'89, domandandosi quando mai fosse incominciato davvero: nell'autunno 1985, con l'ingresso di Gorbačëv al Cremlino? O prima, nell'inverno 1981, con l'arrivo di Reagan alla Casa Bianca? O addirittura nell'agosto 1980, con il primo sciopero di Solidarność nei cantieri navali Lenin di Danzica? Resta il fatto che il cancello di ferro davanti al comunismo europeo adesso cigolava sui suoi cardini arrugginiti, e Berlino Est con la sua chiusura impaurita e paurosa diventava improvvisamente il luogo di custodia dell'ortodossia ormai sotto minaccia ovunque, e soprattutto senza più fede.

Incredibilmente, i capi del partito e del Paese pensavano di poter continuare così, mentre il mondo stava facendo un giro e il loro stesso universo di riferimento barcollava. Un segno di sclerosi politica più che di fiducia. Perché tutto intorno a loro si stava rovesciando. Erano costretti a limitare i viaggi universitari di scambio nei Paesi fratelli e le delegazioni accademiche all'Est, perché i tedeschi orientali tornavano contagiati e storditi dalla febbre dissidente e dall'ansia di cambiamento che si percepiva a Varsavia, a Budapest, a San Pietroburgo e a Praga. Non solo la grammatica comunista impazziva, ma la logica dell'impero si ribaltava. Fino all'impensabile, quando la Ddr cominciò a censurare tutto ciò che arrivava da Mosca, togliendo dalla circolazione cinque film sovietici, cancellando dalla tv di Stato le dichiarazioni più radicali di Gorbačëv, fino a far sparire la rivista "Sputnik", che portava in tedesco il verbo della Perestrojka a 180.000 abbonati, e per questo fu messa al bando un giorno di novembre, come si faceva con i newsmagazine dell'Occidente capitalista e nemico, e pudicamente con "Playboy".

In un paradosso comunista, tuttavia, la popolazione di Berlino Est era al contempo la più sorvegliata (insieme con i sudditi romeni di Ceauşescu) e la più informata. Per anni all'asilo e nelle elementari i maestri avevano chiesto ai bambini di disegnare in classe i loghi dei canali televisivi che i genitori guardavano in casa, per scoprire le trasgressioni al divieto di seguire programmi occidentali, peraltro già boicottati dal regime nell'etere, prima che scendessero clandestinamente nelle case. Ma la battaglia era ormai perduta. La sera del discorso di Honecker, il primo canale tv tedesco-orientale trasmetteva pattinaggio, pallavolo e un documentario sui "40 anni della Ddr", ma con qualche fatica – e a basso volume, con i figli a letto – si poteva raggiungere Yves Montand in *Garçon!* sulla rete della Germania Occidentale Ard, il documentario sui gas tossici in Libia sulla Zdf, su N3 *Roma città aperta* di Rossellini, e sulla Pro7, quando arrivava il segnale, perfino *Starsky & Hutch*.

I sudditi sapevano. Così, accadde.

Di notte, a Lipsia, l'11 gennaio qualcuno imbuca i primi volantini del dissenso nelle cassette per la posta delle famiglie che dormono. Sono firmati da "Iniziativa democratica per il rinnovamento della nostra società" e invitano tutti a una manifestazione nel settantesimo anniversario dell'assassinio di Rosa Luxemburg e Karl Liebknecht, fondatori della Lega di Spartaco. Per tutta la mattina si vedono falsi operai che infilano pinze lunghe e sottili nelle buche delle lettere a caccia dei volantini, quattro attivisti vengono arrestati, ma il giorno dell'appuntamento, il 15, ci sono 800 persone in piazza nel pieno centro di Lipsia, sfilano fino alla casa di Liebknecht, arrivano davanti al civico 15 di Braustraße, dove i Vopos fermano i primi 190 dissidenti dell'89.

Ecco perché, tre giorni dopo, Honecker giura sull'eternità del Muro, ottenendo una immediata e singolare eco dal ministro degli Esteri sovietico, a Vienna per la Conferenza e la cooperazione in Europa: "Io non credo che il Muro di Berlino sia argomento di negoziato," risponde infatti Eduard Shevardnadze a George Shultz, che lo aveva appena invitato ad abbattere la barriera. "D'altra parte ciascuno ha il diritto di munire le proprie frontiere nel modo che ritiene più opportuno." Divisi ormai su quasi tutto, Mosca e Berlino Est si trovano fianco a fianco solo davanti alla potenza del Muro e al suo mito propiziatorio, uniti infine proprio da ciò che è nato per dividere.

È come se fosse l'ultima garanzia, la suprema cauzione, il tabù finale di ogni superstizione comunista. Quasi che il regime – in ogni lingua dell'Est, in qualunque Paese – avesse sacralizzato la propria insicurezza costruendo nella pietra del cemento e nel ferro del filo spinato il monumento fisico alla propria eternità metafisica. Un santuario del presente immutabile, dunque un altare del terrore della fine, la prova evidente dell'onnipotenza di un regime e la conferma del suo limite. Qui più che dovunque nel mondo, l'ideologia trovava la sua materialità, si faceva sostanza delle cose, inanimata ma perenne. Qui e sulla Piazza Rossa di Mosca, nel granito di Lenin. Il comunismo di pietra. Una pietra rossa per l'inizio, una pietra bianca per l'epilogo.

Il mostro vive in mezzo alla città, attraversa l'Europa, separa il mondo correndo per 156,4 chilometri, innalzandosi per 3 metri e 60 centimetri, affondando nel terreno per altri 2 metri e 10, con il corpo composto da 45.000 sezioni di cemento. Vigila con 302 torri di sorveglianza. Si avvolge in 127 chilometri di filo spinato. Si protegge con 105 chilometri di fossato. Si rinchiude in 20 bunker. Si circonda con la "striscia della morte" coperta di sabbia rastrellata ogni mattina, in modo che se qualcuno la calpesta restino le impronte. Minaccia con tre brigate di frontiera munite di pistole, carabine, mitra, bombe a mano, panzer russi T-34/85 e SU-76, cannoni e contraerea. Dissuade con 18.300 reticolati, trappole anticarro, barriere con denti metallici, sirene d'allarme e riflettori. Spaventa con 5000 cani pastore addestrati, i cani di confine con i denti rastremati dalla fresatrice, pronti all'impiego.

Era dunque un'arma, non soltanto una barriera, un simbolo dell'assolutismo e non solo una trincea, una prigione ben più che una separazione. Riuscirono a superare il Muro 5000 tedeschi-orientali con imprese folli, fantasiose, disperate. Morirono cercando di farlo 86 persone, più 27 guardie di frontiera dell'Est coinvolte in scontri davanti allo sbarramento, ma seguendo altri calcoli le vittime furono molte di più, 115 secondo una statistica, 227 se si contano tutte le morti collegate in qualche modo alla barriera. Un cimitero: come quello degli Invalidi dove arrivò il Muro, sventrando cieco e insensibile tombe e memorie nelle sezioni G e H, passando tra i cippi e i monumenti nei campi E ed F, sfiorando giù in fondo la lapide grigia di Manfred von Richthofen, il Barone Rosso, che trovo un mattino di pioggia, quasi appoggiata alla barriera di cemento che la isola separandola dalle altre sepolture: per portargli i fiori nell'anniversario, i parenti dovevano lasciarli dall'altra parte del Muro, appoggiati, guardando la tomba da una fessura nella calce, e pregando sulla pietra di divisione.

Ma l'ipnosi del Muro si allargava all'intero Est europeo, ai Paesi satelliti dell'Urss, che in quella barriera vedevano la metafora materiale della loro costrizione. Trent'anni dopo, camminando tra i ruderi dell'archeologia ammutinata dei cantieri Lenin, a Danzica, Lech Wałęsa – che proprio qui sfidò il potere comunista – mi spiega in poche parole quella trance paralizzante del Muro: "Era un'immagine universale. Voi non potete capire: parlava per i tedeschi, ma parlava anche per noi. Semplicemente, ci ricordava ogni giorno la mancanza di libertà".

Un monito, dunque, perenne.

Ho cercato i segni del sortilegio sull'eternità del Muro nel palazzo del Consiglio di Stato, dove Honecker inaugurò la rincorsa dell'89 verso la fine giurando il contrario, convinto che il secolo si sarebbe comunque lasciato circondare definitivamente dal filo spinato tedesco-orientale. La sala c'è ancora, rivestita dal legno chiaro del potere sovietico, ma i banchi sono cambiati e un tramezzo la divide a metà rimpicciolendola, soffocando i discorsi di una delegazione giapponese oltre la parete. Non trovavo tracce, e andandomene volevo spegnere la luce: ma ecco che premendo un interruttore si apre la tenda che nasconde la parete, e spalanca gigantesco il simbolo della Ddr incastonato nell'intonaco con il martello, il compasso, le spighe di grano e i colori nero, rosso e oro, esattamente come trent'anni fa.

Uscendo sono andato a vedere ciò che resta oggi del Muro, camminando per quel chilometro di persistenza testimoniale lungo la Mühlenstraße, vicino alla vecchia stazione principale della Ddr. Un simulacro del Novecento che testimonia il primitivismo del secolo, e restituisce intatta l'ossessione del comunismo per il dominio dello spazio come controllo dell'anima attraverso il corpo, l'interdetto costruito nella pietra perché durasse per sempre, e la pietra che diventa norma per un altro ratto d'Europa, permanente.

Oggi il cemento è vinto, il muro picconato e distrutto ha subìto persino l'onta finale dei suoi reperti venduti all'incanto a Montecarlo. Ciò che resta a Berlino è ridotto ad antiquariato politico spezzato, e tuttavia conserva nella sua misura minima la traccia perpetua e ottusa del titanismo totalitario. Solo chi si sente come Dio padrone dei destini può decidere il perimetro delle vite altrui, richiudendo e aprendo i percorsi, credendo di separare il dentro dal fuori, mentre intanto nella vita di dentro separa i dominanti dai dominati. Tutto questo fino a trent'anni fa, dopo la danza macabra di Hitler, nel cuore moderno della cultura occidentale, che evidentemente come la bellezza non immunizza e non ripara: in fondo nel *Doctor Faustus*, quando cede al Maligno che appare sul divano accanto per proporgli il patto scellerato, Adrian Leverkühn sta leggendo Kierkegaard.

Poi si alza lo sguardo oltre il conto dei morti e dei prigionieri e spunta finalmente la città, costretta a sdoppiarsi dal Muro che la violentava scindendola, a replicarsi, a vivere divisa con la memoria e la tensione dell'unità impossibile, in una dualità costante. Dunque obbligata a specchiarsi e a competere con se stessa inseguendosi, ad abitare nel suo doppio rinfacciandosi continuamente il confronto tra il bene e il male, come una dannazione. Oggi tutto è ricomposto, la città e il Paese, la storia e la tragedia, come se la caduta del Muro contenesse il principio ordinatore della nuova Europa, finalmente libero dal sortilegio che lo imprigionava. Un miraggio già svanito.

Sola e inutile, resta nell'aria la maledizione che Honecker pronuncerà davanti al tribunale di Berlino, dopo la riunificazione, e prima di andare a morire a Santiago del Cile, troppo vecchio e malato per essere condannato e recluso da una democrazia: "Sono io," disse alzandosi in piedi, "il maggior responsabile del Muro e del fatto che sul suo confine si sia sparato contro chi cercava di attraversare la frontiera. Ma penso che costruendo quel muro né io né i miei compagni ci siamo macchiati di alcuna colpa, non solo giuridica, ma nemmeno politica o morale". Poi si sedette fissando la Corte che lo giudicava, incredulo che la democrazia avesse infine vinto. Come se con la sua irriducibilità tenesse in mano, senza lasciarlo andare, l'ultimo lembo del Novecento, sperando invano che il secolo non riuscisse a finire.

2.

I fantasmi del dopoguerra

Berlino, febbraio 1989

Prima esplose la luce fredda dei riflettori, poi urlò la sirena. Restarono fermi per un attimo, come nel flash di una fotografia gigantesca che rompeva di colpo la notte di Berlino, il buio di quella domenica di febbraio, i tre gradi sotto zero delle undici di sera e soprattutto la loro speranza di libertà, legata a un uncino in cima a una corda da alpinismo. Tornare indietro non si poteva: i due si lanciarono avanti, e i primi spari da una torre di guardia li costrinsero ad accucciarsi, poi a ripartire di corsa saltando qua e là per ingannare i cecchini. L'ultima barriera di ferro e filo spinato, come il cancello di una gabbia, era a meno di dieci metri, bisognava raggiungerla, gettare la fune in alto, sperare che il gancio reggesse e issarsi su, per poi rotolare nella terra sconosciuta dell'Ovest.

C'erano già riusciti scavalcando il primo muro, ma mentre stavano scalando la seconda recinzione scattarono i sensori, con il primo allarme generale dell'89. E adesso, a due passi dalla salvezza, spuntavano i kalashnikov, con una pattuglia che arrivava correndo, seguita da un'altra. Urlarono di fermarsi, mirarono, poi spararono. Dunque non era vero che nei giorni della visita di Stato del primo ministro svedese lo

Schiessbefehl, l'ordine di sparare, era stato sospeso. Chris Gueffroy, cameriere di ventun anni che non voleva fare il militare, ci aveva creduto, ed era arrivato fin qui al Canale di Britz, tra gli orticelli. Non lo vide più nessuno, nemmeno da morto, neanche la famiglia. Cremando il corpo, con dieci proiettili nel petto, l'onnipotenza della Ddr bruciava le impronte di un'esistenza ma soprattutto cancellava le tracce dell'ultima persona uccisa davanti al Muro.

Il ragazzo non poteva saperlo, ma la sua morte diventava una sorta di sacrificio umano sull'altare di pietra del lungo dopoguerra, come ricorda la stele solitaria e arrugginita che trovo sulla sponda del canale, "All'ultimo fuggiasco", tra i ciottoli e il verde, trent'anni dopo, con la lunga Britzer Allee ribattezzata Gueffroyallee. Quella stagione non riusciva a chiudersi: dopo più di quarant'anni, l'inerzia dello scontro sospeso sull'Europa tra le due superpotenze scaricava tutto l'accumulo di tensione sul Muro di Berlino e sulla città divisa, elettrica ed esaltata dal suo stesso sovraccarico di simboli, destinataria finale della grande minaccia incombente sul mondo e insieme miccia perenne che poteva far divampare l'incendio in qualunque istante.

A metà febbraio la Ddr è costretta a firmare gli accordi di Helsinki sulla libertà di circolazione degli individui, anche se sa che non li rispetterà mai; all'inizio del mese i giovani omosessuali fondano il circolo Courage che chiede parità di diritti; nei quartieri di Berlino Est nascono gruppi "per la pace" che in realtà covano il dissenso, l'ultima associazione si chiama addirittura "Unione per il diritto di cittadinanza". Nel resto del mondo tutto corre ancora più in fretta verso la fine di qualcosa che era stato costruito per durare per sempre: a Praga subito dopo la condanna del dissidente Václav Havel a nove mesi di carcere duro, ecco che dal buio del regime rispunta Aleksander Dubček, per sostenere che "quando il governo non rispetta la Costituzione i movimenti civili aiutano la democrazia". A Kabul l'ultimo soldato dell'Armata Rossa ha appena lasciato l'Afghanistan. A Washington Zbiginew Brzezinski annuncia al mondo che Gorbačëv, l'ultimo segretario generale, seppellirà il marxismo.

Ed è proprio dal cuore dell'impero che arrivano notizie stupefacenti per qualsiasi ortodossia: i cadetti sovietici potranno studiare a West Point; il governo per la prima volta pubblica le statistiche sul crimine, confessando che i furti in Urss crescono del 47 per cento, gli scippi del 54 e le rapine del 64,3; il Cremlino rompe l'ultimo tabù e rivela che Gorbačëv guadagna 1500 rubli al mese, desacralizzando la figura del leader, mentre la televisione di Stato si incarica di un altro strappo iconografico, dedicando un primo piano mai visto di quindici secondi a Raisa in visita a Kiev, come se anche il comunismo non potesse ormai fare a meno di una first lady. Si capisce dunque che a Berlino Est il capo in persona della Stasi Erich Mielke, vero numero due del regime, in un vertice a porte chiuse del partito-Stato denunci l'insidia delle "forze antisocialiste" attive nei Paesi fratelli, dunque dentro il sistema, quindi alle porte della Ddr, il santuario minacciato. Traballa quella Cortina di ferro che il 5 marzo 1946 Winston Churchill aveva visto calare "su tutto il continente, da Stettino sul Baltico a Trieste sull'Adriatico". Dopo quarantaquattro anni la ruggine della libertà attaccava il ferro dell'ideologia.

La Cortina era nata sulle rovine di Berlino dopo diciotto mesi di bombardamenti aerei, sotto il tiro dell'artiglieria sovietica, con quasi metà dei palazzi e delle fabbriche distrutta, un abitante su due ucciso, la fame ovunque, tra i cadaveri, gli orfani e le malattie. Uno scheletro urbano, un monumento senza più speranze alle macerie della guerra. Nella polvere disperata di questa città di fantasmi, con i bambini che corrono tra le rovine delle case facendo festa quando si distribuisce un piatto di zuppa svedese di gallina, il primo giorno di maggio del '45 arriva direttamente dall'Hotel Lux di Mosca (dove ha vissuto con i leader del Komintern, e una volta ha incontrato anche Lenin) Walter Ulbricht, l'uomo che costruirà la Ddr agli ordini del Cremlino e fabbricherà nella sua mente l'idea rudimentale e colossale del Muro, calcificando la politica e cementando il comunismo.

Ha cinquantadue anni non ancora compiuti, la precisione maniacale dei dettagli del padre sarto, la praticità artigianale dell'operaio ebanista che era stato da ragazzo. Non fuma, beve solo nei brindisi comunisti, rifugge ogni debolezza e controlla ogni vulnerabilità, è quasi calvo, con i baffi curati che scendono nel pizzo. Gli occhi sono quelli di chi capisce senza fare domande, perché ha visto il terrore staliniano nelle stanze e nei corridoi del Lux di Mosca, nel "cortile delle vedove" sul retro, nell'ascensore di ferro battuto con cui gli uomini dell'Nkvd, la polizia segreta sovietica, salivano ai piani – di solito al mattino presto – bussando alla porta dei dirigenti caduti in disgrazia per avviarli al gulag: ed è riuscito a sopravvivere, come era riuscito a sfuggire alle squadre della Gestapo in patria. Ha studiato alla scuola Lenin di Mosca, adesso con la sua squadra di dieci uomini, tutti "bolscevizzati", torna in Germania, si presenta al comandante sovietico Georgij Žukov (*"Marshal, po prikazu"*, maresciallo, agli ordini) e arriva a Berlino con i fuochi della guerra ancora accesi, camminando nelle bolge di un inferno sconfitto. Gli ha aperto la strada l'Armata Rossa che assedia la città fino alla firma della resa, poi la occupa militarmente, spogliandola per debito di guerra di tutto ciò che è rimasto: capolavori d'arte, documenti e impianti industriali, stuprando migliaia di donne, causando un numero enorme di morti per aborti clandestini procurati tra le macerie, generando più di centomila bambini "russi", figli dell'occupazione.

I sovietici dovevano denazificare la Germania, mentre la demilitarizzavano. Ulbricht e i suoi dovevano convertirla e rieducarla, scegliendo i sindaci, i capi dei quartieri, i vertici della polizia, i direttori dei nuovi giornali, i responsabili dei teatri e dei musei da cui cominciarono subito a diffondere su Berlino stremata e stravolta i balletti russi, l'arte sovietica, il verbo del Cremlino. Gli accordi di Jalta e di Potsdam, dividendo la Germania in quattro zone amministrate dalle quattro potenze vittoriose, consegnavano all'Unione Sovietica più del 30 per cento del Paese. Costrette a confrontarsi sulle linee tracciate dai loro governanti nelle carte d'Europa, le due superpotenze inevitabilmente trasformavano la Germania divisa in un campo di battaglia, che aveva nella vecchia capitale la sua arena privilegiata.

Anche Berlino è smembrata in quattro settori, inglese, americano, francese e sovietico, e gli Alleati occidentali pensano ancora che il vero problema del dopoguerra sia il controllo della Germania, seppure in ginocchio, non l'ambizione dell'Urss vittoriosa. Fino al 1947, quando l'America lancia la dottrina Truman per scoraggiare le minacce di espansionismo sovietico e il piano Marshall con 13 miliardi di dollari di aiuti ai Paesi europei, per favorire la ricostruzione e contrastare la lusinga comunista. Quando gli occidentali ritirano dalle loro tre zone il vecchio Reichsmark sostituendolo con il Deutschmark, Stalin capisce che la nuova moneta prefigura un governo unitario, anzi intuisce che quel marco in qualche modo fonda l'idea materiale di Occidente, perché Usa, Gran Bretagna e Francia non se ne andranno da Berlino e la loro alleanza durerà anche in tempo di pace, allungandosi sul dopoguerra.

Ma la bizzarria della spartizione delle spoglie tedesche tra i vincitori ha annegato Berlino in mezzo al territorio sovietico. La città è diventata un'isola dentro il mare rosso che la circonda da ogni parte. E allora, il mare può prevalere sull'isola, perché può sollevare le sue onde fin quasi a sommergerla. Come le divinità omeriche, Stalin decide di scatenare la tempesta. Il 24 giugno blocca tutti gli accessi, per strada e per ferrovia, a Berlino Ovest. Vuole prendere la città per fame, tagliando i viveri, vuole paralizzarla nel freddo bloccando i rifornimenti di carbone, vuole destabilizzarla nella paura fermando le scorte di medicine. Pensa di conquistarla senza usare le armi ma soffocandone il respiro, poco alla volta. I trattati non gli impediscono di arrestare i treni, di chiudere le strade, di sbarrare i ponti, di spegnere i rifornimenti delle centrali elettriche: la cartografia, radicalizzata all'estremo, diventa politica, anzi guerra. E il blocco convincerà gli americani a lasciare l'Europa.

È un assedio silenzioso, senza scontri e senza spari. Tutt'attorno a Berlino Ovest, i russi trasformano il loro territorio in un gigantesco cappio al collo della città che si consuma, diventa un'enclave prigioniera, separata dal mondo, impossibilitata a bastare a se stessa. Si potrebbe forzare il blocco con i carrarmati americani. Ma il vero fantasma del dopoguerra è la guerra, il terrore di scatenare un nuovo conflitto, nell'instabilità degli equilibri appena tracciati sulla carta.

Se le strade sono impraticabili, resta il cielo, sgombro. In fondo, le piantine disegnate nelle conferenze di pace si occupano della terra, non del firmamento. E allora, mentre si fa il conto delle scorte che basteranno appena per un mese e mezzo, i governi occidentali progettano l'impensabile: un ponte aereo continuo per rifornire con 277.000 voli di 300 velivoli militari da trasporto i due milioni e mezzo di abitanti di Berlino Ovest per l'enormità di 462 giorni.

Due strategie impossibili si confrontano tra il cielo e la terra, attorno alla città-cavia del dopoguerra. Primordiale il progetto staliniano, che punta sulla fame e sulla sete, sul freddo, sull'inedia come strumenti della resa; surreale la risposta alleata, che vuole far piovere dall'alto, dondolando appeso ai paracadute, tutto il necessario per sfamare una città che consuma al mese 43.000 tonnellate di latte, 3000 di carne e 4000 di verdura, 16.000 di farina, 1200 di zucchero: più il carbone e il carburante necessari alle case e alle fabbriche, le medicine e gli strumenti per gli ospedali. L'azzardo verticale squarciò il blocco orizzontale, il cielo riaprì la terra, il volo spezzò i sigilli sovietici che blindavano Berlino. La catena di apparecchi militari (C-54, Avro York, Dakota) andava e veniva dai due aeroporti di Gatow nel settore inglese e di Tempelhof nel settore americano, i berlinesi aspettavano il rombo degli aerei che volavano basso per trasformare la loro presenza sulla città in propaganda, i bambini raccoglievano i sacchetti di chewing-gum, cioccolata e candy che i piloti scaricavano prima dell'atterraggio insieme al riso e alle patate, tutti guardavano quel corteo volante che il giorno di Pasqua fece atterrare e ripartire addirittura un aereo ogni sessanta secondi: una follia.

Dopo quindici mesi, e settantatré piloti morti per manovre sbagliate, Stalin riaprì le strade e le stazioni, e la vecchia capitale dimezzata tornò a respirare. L'accerchiamento era stato vinto, ma il suo significato politico marchiava l'anima di Berlino. Perché il blocco si era incaricato di rivelare a tutta la città chi la cingeva d'assedio e chi le portava aiuto. Così la partita per la sopravvivenza cambiò il sentimento berlinese nei confronti dei russi e degli americani, come se trasportasse territorialmente la metà occidentale di Berlino davvero dentro l'Ovest, ma in un passaggio epocale dalla geografia alla storia, in una scelta di campo nata nella quotidianità dell'emergenza, nella spontaneità dell'esperienza, nella vita più che nella ragione. Cambiando il paesaggio interiore della città, dove adesso dilagavano il jazz americano, lo slang dei film di Hollywood, i ritmi e i colori dell'american way of life. I *Fallschirmen*, quei paracadute bianchi, insieme con i viveri avevano calato su Berlino l'idea fisica di una solidarietà sconosciuta, ancora senza un nome.

È il concetto di Occidente che germoglia, impastato con le paure di un dopoguerra che non riesce a sciogliersi. E infatti nel gennaio 1949 prende forma la Nato, e a maggio – il 23 – i settori ovest della Germania amministrati da Gran Bretagna, Francia e Usa si uniscono con una cerimonia solenne al Museum König dando vita alla Repubblica Federale Tedesca, con sede a Bonn. In risposta, il 7 ottobre nasce a Est la Ddr, la Repubblica Democratica Tedesca, con il governo e i palazzi del potere comunista che si insediano direttamente a Berlino: nella bandiera nera-rossa-oro campeggiano i simboli dell'ideologia trasformata in stendardo, dietro i quali c'era chi vedeva la minaccia di un Oriente trasportato nel cuore dell'Europa, e alle spalle della Russia staliniana addirittura l'incubo ancestrale dell'Asia.

Era Konrad Adenauer, un avvocato cattolico, ex sindaco di Colonia che tutti chiamavano "Der Alte" – il vecchio – già nel 1949, quando diventò il primo cancelliere della Germania Federale a settantatré anni. Lascerà la guida del governo a ottantasette. Ma prima aveva teorizzato la missione quasi sacra dell'Occidente con una Germania libera e indipendente: "Solo un'Europa dell'Ovest con economia e sentimento saldi e sicuri può arrestare l'avanzata spirituale e politica dell'Asia". Quando Stalin nel '52 lancia un'offensiva diplomatica, proponendo una Germania unita ma demilitarizzata, Adenauer rifiuta, ancorando Bonn a Francia, Inghilterra, Stati Uniti: due anni dopo porterà la Germania Federale nell'Alleanza atlantica, lui che era stato scartato dal servizio militare per un vizio respiratorio, e che al primo incontro dopo l'elezione con i vincitori della guerra era stato umiliato con una lunga attesa sotto la pioggia.

Poi, il 5 marzo del 1953, muore Stalin e l'incognita del dopo proietta ombre rovesciate nelle due Berlino: speranza e paura. Il Cremlino preme su Ulbricht perché migliori il tenore di vita dei suoi sudditi con le riforme. Ma il governo della Ddr, invece di riformare il sistema, chiede agli operai di aumentare la produttività. E gli operai si ribellano. Per primi i muratori, impegnati a costruire i casermoni sovietizzanti sulla Stalinallee, la grande strada del centro dedicata al dittatore appena scomparso. Il 16 giugno lasciano il lavoro al quarantesimo blocco e scendono in strada, nel cortocircuito clamoroso del primo sciopero operaio contro lo Stato degli operai e dei contadini. Il corteo s'ingrossa, stupito da se stesso, dal sapore sconosciuto della protesta, che appena nata è già una sfida impensabile al regime.

E infatti dopo i primi slogan contro i carichi di lavoro, ecco la richiesta di vere elezioni, di pane e libertà, addirittura di cacciare i russi dalla Germania. Lo sciopero diventa politico, cerca il potere, lo assedia radunandosi sotto il palazzo del governo, che era stata la mastodontica sede della Luftwaffe di Göring, il ministero dell'Aria nazista. Vogliono parlare con Ulbricht, scende il ministro dell'Industria, coperto di fischi. Lo sciopero si allarga ai turni di notte, dilaga in duecento città e il mattino dopo centomila persone cantano all'improvviso in Unter den Linden il vecchio inno nazionale tedesco: "Deutschland, Deutschland über alles". Tolgono la bandiera sovietica dalla Porta di Brandeburgo, bruciano automobili e caserme, sfondano vetrine, circondano i ministeri, ma quando sbucano in Potsdamer Platz trovano schierata una cintura di T-34, i panzer sovietici.

"Ero un ragazzo, correvo in mezzo agli operai, trascinato da quel clima sempre più euforico, con urla e slogan contro il governo," mi racconta Joachim Rudolph, l'uomo dei tunnel, ottantun anni, "quando sentimmo un rumore più forte, altissimo. Erano sette carrarmati sovietici in fila, ricordo le nuvole di fumo che uscivano dai tubi di scarico. Il primo, con un ufficiale russo che si sporgeva dalla torretta urlando, puntò dritto verso la folla, che non se lo aspettava. Fu il panico, e il disastro. Io mi salvai arrampicandomi sul palco." Dal Cremlino era arrivato Lavrentij Pavlovič Berija, il capo della polizia segreta staliniana. Sotto la sua supervisione il generale Dibrova, comandante sovietico della piazza di Berlino, decreta lo stato d'emergenza, e a mezzogiorno dà l'ordine di sparare sulla folla degli insorti. I morti sono 267, i feriti più di 1000, i "traditori" giustiziati 200, gli arrestati 4000, i condannati al carcere a vita 1400.

Qualche tempo dopo il massacro, Bertolt Brecht comporrà *La soluzione*, la poesia che si conclude con la famosa domanda irriverente: "Non sarebbe più semplice allora / che il governo sciogliesse il popolo / e ne eleggesse un altro?". Ma quel mercoledì 17 giugno 1953 Brecht era rimasto alla finestra di casa a guardare la protesta: e il giorno prima, appena scoppiato lo sciopero, aveva firmato una lettera di "fedeltà al partito" e di "plauso al compagno Ulbricht". Il compagno Ulbricht non poteva rispondere, dal suo rifugio protetto. Con i suoi collaboratori più stretti, due giorni prima si era rinchiuso nel palazzone di comando dell'Armata Rossa. Da qui, come in terra straniera, aveva seguito l'eccidio, con i capi sovietici che calavano il pugno di ferro su Berlino Est, ormai veri padroni della città.

Gli stessi carrarmati con la stella rossa invaderanno l'Ungheria, nel '56, blindando nel sangue il ferro della cortina che divideva l'Europa. Una vera guerra. Un anno prima era nato il Patto di Varsavia, l'alleanza militare dei Paesi dell'Est, satelliti del Cremlino guidato da Nikita Chruščëv. Sembra che il dopoguerra debba durare per sempre, in una prova di forza permanente tra le due superpotenze mondiali, con l'Europa come teatro, la Germania come laboratorio, Berlino come esperimento, bilanciato dalla paura. Fino alle 19.28 del 4 ottobre 1957, quando una sfera di alluminio, magnesio e titanio di 83,6 chili, col diametro di 58 centimetri e quattro antenne lunghe 2 metri e mezzo, viene lanciata dall'Unione Sovietica in orbita terrestre. Si chiama *Sputnik* e il suo volo (apogeo 940 chilometri, perigeo 216, inclinazione 65,1 gradi) sembra spezzare ogni equilibrio. Cercandolo quella notte tra le stelle nel cosmo, i berlinesi dell'Est e dell'Ovest capiscono che finisce il dopoguerra e comincia una nuova era, mentre dai due lati della città guardano il cielo, l'unico spazio non diviso a Berlino.

3.

La notte del filo spinato

Berlino, marzo 1989

Il vento di marzo soffiava sulla notte di Berlino, raffiche sugli alberi e sui tetti, fino a venti chilometri all'ora. Lo avevano aspettato leggendo ogni giorno le previsioni del tempo, e quella sera erano usciti di casa appena si era fatto buio per controllare guardando il cielo scuro, sul viso il soffio della corrente che veniva da nord-est. Tutto a posto, finalmente. Winfried Freudenberg arrivò sulla sua Trabant con la moglie Sabine alla stazione di controllo del gas, di cui aveva le chiavi come ingegnere della Veb Energiekombinat, l'azienda per le forniture in città. Avevano trentadue anni lui, ventitré lei, e da gennaio ogni sera cucivano in casa quei teli di plastica che l'emporio vendeva per proteggere le serre, e li coprivano con una rete di corda. Quando cominciarono a riempirli di gas, davanti al magazzino si gonfiò a mezzanotte un enorme pallone sghembo, un gigante rotondo e tremulo alto 13 metri e largo 11. Era la mongolfiera casalinga e improvvisata che doveva portarli nell'Ovest, sorvolando il Muro, le mitragliatrici, i cani da guardia e la paura, sospesa in silenzio sopra il grande interdetto, nel buio della Ddr addormentata.

Pochi minuti prima dell'una, un cameriere che rientrava a casa in bicicletta dal lavoro vide quella follia dondolante, gonfia per tre quarti e ancorata ai sacchi di zavorra, e chiamò la Volkspolizei. Quando i Vopos arrivarono, senza poter sparare per il terrore di un'esplosione, il pallone aveva troppo poco gas per trasportare in aria tutti e due: Sabine, che aveva sempre avuto paura, convinse Winfried a volare da solo e scappò a casa. Lui salì sui 40 centimetri dell'asticella di legno legata alle corde, tagliò le funi e partì nel tuffo solitario verso la libertà. Il pallone inclinandosi scivolò subito in cielo, trovò una corrente che spingeva verso ovest-sudovest, passò sopra il Muro che lui vide dall'alto aggrappato alle corde, in venti minuti era nel cielo di Berlino Ovest. Poi all'improvviso prese velocità e s'impennò, salendo ancora nel gelo notturno. Troppo. Senza strumenti di governo e di controllo, senza una valvola di regolazione, l'aerostato vagò alla deriva fino all'alba. Trovarono il corpo di Winfried solo nel pomeriggio, sfigurato dal crollo nel giardino di una villa nel quartiere di Zehlendorf. Fin dal mattino la tela della mongolfiera era distesa sugli alberi della Potsdamer Chaussee, impigliata nei rami come una ragnatela bianca o il sudario vuoto di una libertà impossibile, per l'ultima vittima del Muro.

Sabine, che verrà subito arrestata, era nata già con il Muro in mezzo alla città, dunque tutta la sua vita era stata prigioniera e, più ancora, condizionata.

Quel Muro cresceva infatti nella mente delle persone da ventotto anni, circondava due generazioni, paralizzava ambizioni, annullava speranze. Era certo una chiusura fisica, uno strumento meccanico che occupava lo spazio per fermare il movimento e arrestare i corpi. Ma era anche una barriera spirituale perché occludeva un pezzo di futuro, restringeva l'orizzonte di vita, occupava la visuale come un'ossessione. Un blocco concettuale, perché ogni giorno ricordava un confine, la soglia tra la libertà personale e l'arbitrio del potere, tra l'autonomia e la discrezionalità. Nascondendo l'altrove, lo mitizzava nel desiderio, rendendolo irraggiungibile lo ingigantiva, richiamandolo in continuazione con la sua sola presenza incombente. Così il Muro finiva per separare la vita vissuta in pubblico, nell'obbedienza, e la vita consumata in privato, nel silenzio, tra progetti di fuga inconfessabili e l'evidenza del limite, misurando ogni giorno la quota di libertà vigilata che si poteva sperimentare e la confisca quotidiana di un tratto di destino.

"La costrizione non valeva solo per la Ddr," mi dice oggi Walter Momper, settantaquattro anni, che allora era borgomastro di Berlino Ovest. "Anche noi eravamo condizionati, certamente liberi ma con l'ombra continua di quello sbarramento, con l'angoscia quotidiana che trasmetteva solo a guardarlo, con i tentativi disperati di fuga a rischio della morte. Il Muro impediva anche all'altra Berlino una vita serena."

Ventotto anni prima, il potere sapeva perfettamente che il Muro comportava questo rischio, nella percezione del divieto assoluto elevato a monumento, trasformando automaticamente il cittadino in suddito. Quella barriera era talmente assurda e totale nella sua costrizione che soltanto progetti temerari potevano sperare di violarla: come affidare la libertà a un pallone. Ma nel 1961 la Ddr correva un rischio più grande, demografico, economico, politico: il rischio della sopravvivenza. In dodici anni, dal 1949, due milioni e mezzo di tedeschi orientali si erano rifugiati a Berlino Ovest, scegliendo la fuga e rischiando la galera. Il transito verso la libertà era immediato, bastavano due fermate di metropolitana. Se ne andavano studenti, medici, insegnanti, ingegneri, tutti giovani – persino miss Universo 1961, Marlene Schmidt, di ventiquattro anni –, dunque in grado di rifarsi una vita dall'altra parte. Si diceva, ironicamente, che metà della città se n'era già andata, e l'altra metà stava seduta sulle valigie pronte, in attesa. La repressione a Est incentivava le fughe, con punte dopo i tumulti del '53 stroncati con il pugno di ferro, e dopo l'invasione sovietica dell'Ungheria nel '56.

Ma l'esodo continuava ogni giorno, come ribellione alle condizioni di vita, al controllo poliziesco, alla penuria alimentare: nell'ultimo anno si contavano 46.000 mucche in meno, mentre mancavano addirittura 1 milione e 300.000 maiali, 23 milioni di chili di carne, 274 milioni di litri di latte, 210 milioni di uova. Il quadro internazionale sembrava bloccato, il leader sovietico Nikita Chruščëv nel 1958 aveva rilanciato il progetto di trasformare Berlino in una zona "libera" e demilitarizzata, con un ultimatum alle potenze occidentali perché lasciassero la città, e il nuovo presidente americano, John Fitzgerald Kennedy, dopo il fallimento del vertice di Vienna si era detto pronto anche "a resistere con la forza" per "difendere i nostri diritti a Berlino Ovest e i nostri impegni verso quella popolazione".

Walter Ulbricht capisce che non c'è via d'uscita, il sistema non tiene: 142.000 fuggitivi nel '59, 199.600 nel '60. E adesso ancora: 20.000 a maggio '61, più di 19.000 a giugno, già 12.000 nella prima metà di luglio. Bisogna chiudere la porta, sbarrarla. Solo una misura estrema di contenimento potrà salvare il regime. La propaganda si incaricherà di ribaltare le fughe in un "traffico di persone" organizzato dall'Occidente, una manovra di destabilizzazione a colpi di corruzione ordita dai nemici della Ddr, a cui bisogna reagire con lo strumento più radicale: alzando una muraglia per bloccare definitivamente la *Torschlusspanik*, il terrore dell'ultima ora, la paura di non riuscire più ad andare via.

La decisione è presa a Mosca, dove il 3 agosto si riunisce il Patto di Varsavia, e vara l'operazione-barriera. Ma prima che i capi dei Paesi fratelli vengano informati, serve l'approvazione del fratello maggiore, l'Urss. Il 1° agosto Chruščëv e Ulbricht parlano al telefono per due ore e quindici minuti. Ho potuto leggere il verbale di quel colloquio. Ulbricht spiega che così non si può andare avanti: "Non c'è abbastanza burro e dobbiamo razionarlo con le tessere, non rispettiamo i rifornimenti di latte, abbiamo dovuto vietare la produzione di panna, quest'inverno l'unica verdura disponibile al mercato erano i crauti e i cetrioli sott'aceto, il foraggio è scarso, il mais è alto solo 50 centimetri e le patate sono marcite, quindi siamo senza da due mesi". La colpa? Funzionari di partito ignoranti d'agricoltura, elementi nazisti che si aggirano per i campi, la Chiesa che sobilla i contadini spingendoli a uscire dalle cooperative, i sabotatori: "Purtroppo non abbiamo una Siberia, questa gente deve essere spedita nei campi di lavoro". I problemi aumentano con gli intellettuali, confessa il leader della Ddr, perché stanno dicendo che il governo non mantiene le promesse. "Le difficoltà sono cresciute, e le cifre del piano settennale sono irraggiungibili. Oggi il potere d'acquisto della popolazione supera l'offerta di merci per due miliardi di marchi. Il popolo avanza richieste che non possono essere soddisfatte. Abbiamo congelato i salari ma non riusciamo a spiegarlo, abbiamo ridotto gli investimenti di due miliardi, l'intellighenzia se n'è accorta e manifesta malumore."

Chruščëv obietta: "Ma dieci anni fa tutto era a posto, puntavate a superare la Repubblica Federale Tedesca entro il 1961. Cos'è successo?". La risposta è drammatica: "Abbiamo esagerato con gli obiettivi. In realtà siamo costretti a importare merci come l'acciaio, e di conseguenza dobbiamo esportare beni di consumo. Faccio un esempio: noi acquistiamo in Germania Occidentale scarpe per 11 milioni e ora siamo indebitati, e ci hanno avvertiti che se non pagheremo entro il 15 agosto bloccheranno le forniture. Ci mancano 153.000 tonnellate d'acciaio, non ci bastano gli accordi con l'Urss, siamo costretti a fare acquisti in Germania Occidentale. E per le lamiere d'acciaio, dipendiamo da loro al 100 per cento". Chruščëv è allarmato: "Leggo i rapporti originali dei servizi segreti occidentali, pensano che nella Ddr sia maturo il clima per una rivolta". Ulbricht non nega il pericolo. "È realistico pensare a un'insurrezione? Non credo. Ma disponiamo di informazioni secondo cui il governo di Bonn sta preparando passo dopo passo le condizioni per una rivolta che dovrebbe scoppiare in autunno."

Chruščëv capisce che bisogna agire subito. "Creeremo un anello di ferro attorno a Berlino che vi aiuterà riducendo le fughe. E lo spiegheremo facilmente, perché sfrutteremo le tensioni con l'Occidente dicendo che siamo minacciati da una guerra e non vogliamo che ci inondino di spie. I tedeschi capiranno. Qual è la data migliore per chiudere i confini?" Ulbricht ha un piano già pronto: "Il Politbjuro ha deciso che questa settimana registreremo tutti i frontalieri, che sono 75.000, per preparare la gente alla chiusura della frontiera. Nello stesso tempo sospenderemo la circolazione degli autobus diretti a Berlino".

A questo punto Chruščëv parla da padrone, fissando l'agenda operativa per la costruzione del Muro. "Il blocco va motivato politicamente. Pubblicheremo un comunicato comune in cui alla Ddr viene chiesto di chiudere i confini nell'interesse dei Paesi socialisti. Dunque lo farete su nostra richiesta. Voi convocherete il Parlamento e annuncerete che dall'indomani verranno creati posti di controllo e il passaggio transfrontaliero verrà vietato. Un'ordinanza stabilirà che nessuno potrà entrare a Berlino e nessuno potrà varcare la frontiera per andare a Ovest. Prima delle misure non dovrete spiegare nulla, perché se la questione venisse posta adesso, i borghesucci cercherebbero di scappare. Ma ho una domanda tecnica: come controllerete le strade che sono divise in due, una parte nella Ddr e l'altra a Berlino Ovest?" "Abbiamo previsto tutto," lo tranquillizza Ulbricht. "Nelle case che hanno finestre e ingressi verso Berlino Ovest, questi verranno murati. In altri punti verranno create barriere di filo spinato. È già arrivato. Si può fare tutto molto rapidamente." "Ritengo che l'anello dovrebbe essere costruito dalle nostre truppe," conclude Chruščëv, "ma dovrebbe essere controllato dalle vostre. Ai confini con la Repubblica Federale Tedesca i nostri carrarmati si nasconderanno dietro le postazioni dei vostri soldati. Agiremo segretamente, ma in modo che la notizia giunga fino in Occidente. Non è una brutta cosa."

Il filo spinato era davvero arrivato, di notte. Centosessanta tonnellate, che insieme coi blocchi di cemento, la calce, i mattoni, i pali metallici, i sacchi di sabbia viaggiarono verso Berlino su quattrocento camion Zil di colore verde, attraverso strade secondarie senza mai formare una colonna, per non insospettire. Nessuno sapeva cosa stava succedendo e perché tremila carristi con i loro trecento panzer si fossero acquartierati attorno alla zona centrale della città, mentre quasi cinquemila uomini attendevano nelle caserme di periferia, con tutta la polizia mobilitata per la massima allerta. Anche i soldati non sapevano, i comandanti dei reparti aprirono le buste con gli ordini solo centoventi minuti prima dell'"ora X", quando doveva scattare l'operazione "Rose", com'era chiamata in codice. "Un muro? Non ne so nulla," aveva risposto il 15 giugno Ulbricht ai giornalisti che gli chiedevano se pensava di fortificare il confine di Berlino Est con Berlino Ovest, come diceva qualche voce. "Forse lo desidera qualcuno nella Germania Federale. Certo, i muratori della Ddr sono impegnati nei piani di costruzione delle case di abitazione. Nessuno qui ha l'intenzione di costruire un muro." E invece tutto era fissato per quella data d'estate, per quel giorno di vacanza, per quella notte d'agosto, per quell'ora sospesa tra il sabato e la domenica: l'una del giorno 13.

Si spensero tutte le luci della città, nella striscia di frontiera, scese il buio sulla Porta di Brandeburgo. I sovietici, con i loro soldati in assetto da combattimento pronti a intervenire – allarme 1 –, presero il vero comando delle operazioni sotto la guida del maresciallo Ivan Konev, eroe dell'Urss, decorato con l'Ordine di Lenin, l'Ordine della Bandiera Rossa e l'Ordine della Rivoluzione d'Ottobre, il comandante delle truppe che avevano invaso l'Ungheria cinque anni prima.

All'una e dieci, illuminato solo dalle lampade dei cantieri, nasce il Muro. Più di 40.000 uomini presidiano il confine tra le due Berlino, fanno saltare l'asfalto nei punti chiave, bloccano 69 varchi di frontiera su 81, sbarrano 190 strade che incrociano le due zone, transennano le aree calde, fissano i pali per i reticolati cominciando dal passaggio di Potsdamer Platz, innalzano 116 posti di vedetta, impiantano 209 altoparlanti, stendono la lunga linea divisoria di filo spinato per 43 chilometri, posano 7300 metri cubi di cemento in blocchi anticarro, sigillano i collegamenti delle fognature, fermano 12 linee della metropolitana e chiudono 13 stazioni. La linea del Muro, per ora formato dai cavalli di Frisia e dalle barriere di cemento, prende corpo e struttura, mentre procede a zig zag lungo il confine tra la zona sovietica e quella occidentale, e nella sua cecità militare, nella sua ossessione politica taglia in due strade, chiese, case, canali, piazze e cimiteri, come se portasse nel cuore della città, arroventandolo, la guerra che la Germania aveva portato in Europa.

Quel filo spinato sorvegliato dai kalashnikov spezzava le famiglie, interveniva sui destini, divaricandoli. Genitori divisi dai figli, mariti dalle mogli, fidanzati separati, anziani costretti a restare soli. Appena svegli, i berlinesi si accorsero che la città era stata chiusa all'improvviso, con un gesto d'arbitrio assoluto, e non si poteva più attraversare. Capirono di colpo che una notte aveva cambiato la loro sorte, per sempre. L'Ovest da quel momento diventava un miraggio. L'Est era stato fatto prigioniero. Con i suoi 137 chilometri di reticolato aggrovigliato in doppia, tripla fila sulle strade, le transenne ai crocicchi, i blocchi irregolari di cemento davanti agli ingressi, il Muro si spiegava da solo, con la sua evidenza che materializzava lo scandalo del potere, la sua paura e il suo abuso.

Di colpo tutto appariva chiaro, mostrava una sua logica di pietra. La divisione, fino al giorno prima attraversata ogni giorno da mezzo milione di berlinesi, adesso non era più tra due zone e due sistemi politici, ma tra due mondi. La distanza tra le due Berlino, così intime che bastava un filo spinato per separarle, diventava incolmabile. E infatti bisogna guardare le immagini delle famiglie che quel mattino avevano progettato di andarsene in Occidente e si trovarono davanti la barriera: immobili con la vita confiscata nei loro fagotti, di fronte ai soldati schierati di guardia davanti al cemento. Non si poteva passare, forse mai più. Ancora il giorno prima del blocco, sabato 12, avevano lasciato Berlino Est 2400 persone, 1532 il venerdì, 1709 il giovedì, 30.400 in totale nel mese di luglio. E adesso, le speranze, le attese, i progetti di trovare un futuro a Ovest, tutto veniva murato. La politica diventava cemento, il filo spinato era l'ultima dismisura del potere.

Due folle si fronteggiavano oltre il reticolato. Una a Ovest, urlando contro Ulbricht e i sovietici, per la vergogna del Muro. L'altra a Est, muta. Quella trincea nella carne viva della città era anche una prova di onnipotenza, la conferma della discrezionalità di un dominio che non deve mai rendere conto di nulla a nessuno. Dall'1.11 di notte, quando aveva interrotto il programma musicale *Melodien zur Nacht*, la radio continuava a rovesciare la realtà: "I governi dei Paesi del Patto di Varsavia chiedono al Parlamento della Ddr di varare un nuovo ordinamento alla frontiera con Berlino Ovest per bloccare ogni attività sovversiva, in difesa dalle provocazioni condotte dall'Occidente". Dunque era un progetto strategico, tutto era stato pianificato per risultare definitivo. Non si vedeva la luce, nemmeno in fondo al Muro, mai. Sequestrata, la gente aveva un'unica forma di protesta, estrema e finale: sfuggire al mostro che cresceva rinchiudendola, ogni giorno si fortificava, si allargava, inglobava case, ponti, marciapiedi, templi, come la chiesa della Riconciliazione (dove oggi si prega ogni mattina per una vittima del Muro), con la cantina isolata e il portale sotto la statua del Sacro Cuore sbarrato dai mattoni che lo cancellavano, lasciando il Dio dei cristiani solitario all'interno nel buio: anche al vescovo di Berlino Dibelius e al cardinale Döpfner, arcivescovo di Monaco, era impedito il passaggio. Alle fermate di frontiera i binari della sopraelevata venivano divelti. Ovunque, poco per volta, i blocchi di calcestruzzo sostituivano i pali di legno, le barriere mobili, i reticolati. Era il vero Muro che si solidificava ingigantendosi, e spostava il filo spinato in alto, sui bordi, negli angoli, certificando il divieto perenne.

Ma ci sono parti della città indivisibili, dove non basta un fil di ferro per separare le due metà. Sono strade come Bernauer Straße, un chilometro e quattrocento metri di schizofrenia, con il lato sud che fa parte della Ddr e il lato nord che è tedesco-occidentale. Qui arrivano le brigate del lavoro protette dai Vopos e, come aveva annunciato Ulbricht a Chruščëv, murano 1253 finestre che danno sull'Ovest, 56 ingressi, portoni e cancelli, sbarrano 37 negozi e magazzini, svuotano 580 appartamenti, deportano 2000 abitanti. Chi rimane guarda la vita degli altri attraverso una feritoia al centro del Muro cresciuto dove c'era una finestra. Un buco sul mondo proibito. Su un marciapiede continua l'esistenza normale. Sull'altro c'è solo muro, e in mezzo passa indifferente il tram color caffellatte, avvertendo col campanello che sta per fermarsi davanti a quello che fino a ieri era il numero civico 38, e adesso è soltanto una parete di mattoni imbiancata. Intanto le linee sono saltate, non si può più telefonare tra le due Berlino. Ecco perché davanti al Muro i genitori sollevano sulle spalle i bambini per farli vedere ai nonni, i vecchi urlano da una parte all'altra della città le loro rassicurazioni ai figli che di là dal Muro chiedono notizie, i ragazzi gridano i loro messaggi d'amore, lanciano a voce un appuntamento per domani: ritorna, voglio vederti, a mezzogiorno.

Guardo oggi le finestre di Bernauer Straße con Rainer Eppelmann, settantasei anni, pastore protestante, leader del dissenso nella Ddr e poi ministro della Difesa. Mi indica un punto, si ferma: "Il Muro ha deciso che io perdessi mio padre. Lui lavorava a Berlino Ovest, e restò lì, mia madre rimase sola nella Ddr con noi bambini, pensavano che lo sbarramento sarebbe durato poco. Avrei rivisto mio padre solo diciannove anni dopo, salvo i saluti a distanza che ci scambiavamo qui davanti. Ricordo la prima volta. Arrivò un messaggio, fissava un appuntamento proprio qui. Mia madre venne con noi quattro figli fino al limite estremo del confine, a cinquanta metri dal Muro. A un certo punto sulla torretta di legno che avevano costruito a Berlino Ovest apparve mio padre che si sbracciava per salutarci. Lo rivedo ancora, mi è rimasto impresso perché fu terribile. La lontananza, l'impotenza, la separazione. Andando via ci rendemmo conto di essere imprigionati, forse per tutta la vita, e senza nemmeno un processo. Ecco cos'era il Muro per me".

Quello sbarramento cresceva velocemente, ma aveva ancora dei punti di debolezza, delle aree di fragilità, prima che arrivasse dovunque la paralisi del cemento. Bisognava anticipare il mostro, correre più in fretta del suo cammino sull'anima della città. Sorpresi dal Muro mentre si trovavano a Berlino Ovest per lavoro, o in visita, 51.056 abitanti della zona orientale decisero subito di non tornare a casa e chiesero asilo alla Repubblica Federale. Ma gli altri, quelli che erano rimasti imprigionati dal Muro? Erano 1.071.775 gli abitanti della zona Est che si scoprirono di colpo prigionieri. Il primo giorno lo stupore della disperazione e l'organizzazione improvvisata allargarono le maglie della rete gettata su Berlino: scapparono in 800, riuscendo a ritagliarsi varchi impensati, infilandosi nella distrazione dei Vopos, sfruttando la notte. In un anno saranno 12.316.

Ma cosa vuol dire scappare? Nove giorni dopo l'arrivo del filo spinato, Ida Siekmann vide murare le finestre del primo piano, salì al quarto, gettò in strada un materasso e si lanciò giù, schiantandosi sull'asfalto davanti al civico 48; Berne Lünser saltò addirittura dal tetto per sfuggire alle guardie che lo inseguivano tra i comignoli, uccidendosi in strada; Rolf Urban cadde mentre cercava di calarsi di casa, al numero 1, con una corda di biancheria, troppo sottile. Molti gettavano sul marciapiede dell'Ovest i biglietti con l'ora in cui si sarebbero buttati dalla finestra, i pompieri li aspettavano con i teloni stesi, dove rimbalzò salvo Thomas Molitor, di nove anni, che si era aggrappato a un cornicione a 25 metri di altezza prima del volo: inutile, perché la madre dopo il salvataggio pretese che tornasse indietro, riattraversando il Muro.

C'era soltanto filo spinato, due, tre file rade e aggrovigliate, un cespuglio di ferro alto 60 centimetri, nel tratto di confine quasi all'incrocio tra Bernauer Straße (la strada murata) e Ruppiner Straße. Conrad Schumann, caporale arruolato appena da pochi mesi, aveva diciannove anni quel martedì 15 agosto, mentre faceva la guardia a una barriera nata solo due giorni prima. I ragazzi di Berlino Ovest, a ridosso del confine, avevano cominciato a insultarlo: ma appena si accorsero del suo turbamento cambiarono tono, e presero a incitarlo e a incoraggiarlo, spingendolo a fuggire dall'Est. L'Occidente era a un metro. Il soldato fumava, camminava avanti e indietro, osservava l'altro mondo, poi chinava lo sguardo. La tentazione durò un tempo infinito, quasi un'ora, in solitudine. La si vedeva crescere, suadente, insopportabile. Poi si fermò un'auto della polizia tra la folla occidentale, e clamorosamente spalancò la portiera, pronta ad accogliere il fuggitivo. E allora il caporale Conrad cominciò a correre nei suoi stivaloni neri, correva con l'elmo in testa, correva con la mano destra che reggeva la cinghia del fucile in spalla, in un balzo era già sopra il Muro di ferro e col piede destro schiacciò il filo spinato, mentre il fotografo Peter Leibing davanti a lui fissava per sempre quel momento rendendolo eterno.

Trentasette anni dopo, Conrad Schumann avrà sicuramente ripensato a quel balzo universale, mentre si impiccava a un albero accanto a casa in Baviera, depresso e in crisi con la moglie, come se non potesse vivere senza l'incubo di quel Muro che aveva calpestato per primo, davanti al mondo.

4.

Gli anni della Guerra fredda

Berlino, aprile 1989

I primi ad accorgersi che qualcosa stava cambiando furono i cani da confine. Venivano addestrati la notte, perché le fughe quasi sempre si tentavano nel buio, non avevano contatti sociali, mangiavano solo ogni due giorni per essere più aggressivi. I cuccioli – subito sottratti alle madri per riportarle immediatamente al lavoro – erano selezionati con cura badando alla forza delle zampe e alla perfezione dei denti e del naso: dovevano essere pronti al combattimento, ma anche a sfruttare quella banca degli odori che la Stasi accumulava dal 1973, raccogliendo in barattoli di vetro dalla chiusura ermetica brandelli di maglie, scarpe, stracci, cuscini, fazzoletti e mozziconi di sigaretta di ogni indiziato, di qualsiasi possibile dissidente e di tutti i potenziali fuggiaschi. Ammaestrati a inseguire l'odore del grande sospetto che avviluppava l'intera Ddr, i cani del Muro non potevano riconoscere il profumo della libertà che si spargeva nelle strade dell'Est europeo, arrivando a disperdersi sulle porte di Berlino.

Ma ecco che nella primavera del 1989 viene ridotto il pattugliamento sulla “striscia della morte” che corre a fianco del Muro, dove i pastori tedeschi vigilano da ventotto anni con qualsiasi tempo, legati a una lunga catena di ferro. Poi le guardie cominciano a smantellare gli impianti che lungo la striscia garantiscono uno sbarramento di fuoco, azionando automaticamente le mitragliatrici ad altezza d'uomo. Infine, ad aprile, il regime all'improvviso cancella l'ordine di sparare per uccidere nella zona del Muro. Il Paese non lo saprà: nel mondo surreale del potere totale e incondizionato, quella norma non era mai stata scritta (il codice penale registrava l'ordine ambiguo per le guardie di frontiera di evitare "a tutti i costi" che un cittadino della Ddr fuggisse), dunque non poteva essere pubblicamente abolita.

Era un preavviso, guardingo e spaventato, dell'agonia della Guerra fredda, di cui il Muro era insieme un risultato, un simbolo e il monumento eterno. Niente più di una barriera di cemento, infatti, poteva rappresentare quel conflitto latente dal 1945, sempre annunciato e continuamente sospeso, perché la potenza letale delle nuove armi si trasformava in impotenza, e rendeva impossibile scatenare uno scontro militare senza distruggere il pianeta. Una guerra bloccata, mimata, interdetta, appunto "fredda", come la battezzò George Orwell. Che generava una continua battaglia ideologica, propagandistica, per la supremazia, giocata in tutto il mondo da eserciti locali che in Asia come in Medio Oriente si combattevano avendo alle spalle come mandanti o protettori le due superpotenze dell'universo bipolare. Ovunque l'Unione Sovietica e gli Stati Uniti si trovano su fronti contrapposti, ma a Berlino sono faccia a faccia dai due lati di quel Muro che è la vera linea divisoria del mondo, la prova della pietrificazione dei blocchi, il punto in cui comunismo e capitalismo si toccano e si specchiano, giocando la partita decisiva del Novecento. Con quella guerra inesplosa.

Evocando continuamente un conflitto competitivo che non si poteva risolvere, la Guerra fredda murava la storia, come se avesse trovato a Berlino il suo punto zero, che la paralizzava arrestandone il corso e impedendo alla vicenda umana di progredire, nell'ipnosi del Muro così tremendamente locale da spaccare in due strade, cortili e palazzi, e insieme così universale da rappresentare il nuovo Greenwich: il vero meridiano del Novecento, che separava l'Occidente dall'Oriente, e fondava nel filo spinato i concetti di Est e Ovest, che nella loro divisione avrebbero perseguitato la bussola europea per decenni, attraversando il secolo. Politicamente, quel Muro era la promessa che la Guerra fredda sarebbe durata per sempre, suscitando un suo spaventato equilibrio. Culturalmente, sequestrava il destino dell'Europa, tracciando una trincea nel cuore del continente. Antropologicamente, creava l'uomo orientale, passato da suddito a bolscevico senza la possibilità di diventare cittadino, e l'individuo occidentale, con un'identità costruita sui diritti e sui doveri democratici, ma anche sulla paura e sulla differenza.

Ulbricht non sapeva, costruendo il Muro, di radunare intorno al suo cemento un tale accumulo di simboli che lo avrebbe immediatamente e per sempre trasformato nel trofeo supremo della Guerra fredda, di cui era la traduzione fisica e il grande stabilizzatore. Quella barriera, funzionando da contenimento, garantiva la continuità dello Stato minacciato dalle fughe dei suoi cittadini e dall'esodo massiccio verso Occidente: con la Ddr che accettava di alzare il Muro di una prigione collettiva per continuare a vivere, salvando se stessa al tragico prezzo di ghettizzare i suoi sudditi, rinchiudendoli. In questo senso, il Muro era la prova plateale, di fronte al mondo, di un trasferimento coatto e totale di sovranità dal popolo al regime, che misurava i passi dei cittadini, controllava il perimetro del loro movimento e dosava il raggio d'azione, infrangendo infine nel reticolato la speranza di trovare un varco d'uscita.

Ma anche l'Occidente non capì subito la mostruosità del Muro. Addirittura, John Kennedy seppe della barriera di filo spinato che stava crescendo a Berlino, quella domenica 13 agosto del 1961, con un ritardo incredibile di diciassette ore, perché il servizio d'informazione militare della Casa Bianca pensò che non fosse il caso di svegliarlo nella casa di vacanza a Hyannis Port, dove aveva raggiunto moglie e figli per il weekend a Cape Cod. Il presidente ebbe il tempo di alzarsi, far colazione e andare a messa. Uscendo dalla chiesa di San Francesco si fermò tranquillamente a stringere mani e salutare una piccola folla, poi salì con i suoi sul *Marlin*, il motoscafo di famiglia di sedici metri che il padre aveva acquistato nel '52, per raggiungere Great Island per pranzo. Arrivò finalmente un cablogramma, che lo costrinse a rientrare a casa per un vertice telefonico urgente con Dean Rusk, il segretario di Stato, con Robert McNamara, segretario alla Difesa, e con il fratello Robert. Cosa stava succedendo a Berlino? Quel muro avrebbe spezzato l'equilibrio della Guerra fredda? Qual era il suo significato e dunque il suo obiettivo? E soprattutto, dove voleva arrivare Chruščëv con quel gesto, e dove si sarebbe fermato?

Kennedy non poteva sbagliare la reazione, dopo il fallimento della Cia nell'operazione "Baia dei Porci" e dopo il braccio di ferro con Mosca sui missili nucleari sovietici a medio raggio a Cuba, appena un mese prima. Ma non poteva nemmeno stare a guardare, dopo che l'Urss il 12 aprile aveva lanciato il primo uomo nello spazio, per un'ora e quarantasei minuti. Quell'orbita terreste ellittica (inclinata di 64,95 gradi, alla velocità di 27.400 chilometri all'ora) del tenente collaudatore Jurij Gagarin segnava l'eclatante supremazia sovietica nella conquista del cosmo, su una navicella che non per caso si chiamava *Vostok*, Oriente. Un successo evidentemente scientifico, immediatamente politico, clamorosamente ideologico, tanto che Chruščëv si preoccupò di garantire subito al mondo dal Cremlino che il cielo era vuoto, "perché lassù Gagarin non ha incontrato Dio".

Sulla Terra, cosa cercava il segretario generale del Pcus? Il vero timore di Kennedy era quello di una manovra espansiva, con un attacco sovietico a Berlino Ovest, per conquistare l'altra città. Ma nelle lunghe conversazioni telefoniche, ora dopo ora cominciò a prevalere un calcolo di Realpolitik: chi vuole attaccare non costruisce un muro, che serve per rinchiudersi e non per conquistare. Più che prendere Berlino Ovest, Chruščëv sembrava voler difendere Berlino Est. Dunque il Muro politicamente rappresentava una contraddizione clamorosa, perché era un'arrogante prova di fragilità. Un paradosso di calcestruzzo. Un sopruso interno, totale. Un indebolimento esterno, evidente. Non era il caso di alzare il livello dello scontro, bastava agire su questa contraddizione, denunciandola al mondo come la prova dell'"incapacità del sistema comunista di competere con il mondo libero", come dichiarò il comunicato della Casa Bianca, senza nemmeno nominare il Muro.

Kennedy non si mosse da Hyannis Port, così come il presidente francese de Gaulle restò in ferie estive a

Colombey-les-Deux-Églises ancora per quattro giorni, il primo ministro di Gran Bretagna Macmillan non interruppe il golf nello Yorkshire, il cancelliere tedesco Adenauer non cambiò il tono della campagna elettorale, e papa Roncalli (che due anni dopo avrebbe ricevuto in udienza personale Aleksej Adjubej, direttore delle "Izvestija" ma soprattutto genero di Chruščëv) non parlò del Muro dalla finestra di piazza San Pietro. In fondo, come confidava Kennedy, "un maledetto muro non è una bella cosa, ma è sempre meglio di una maledetta guerra".

Era la resa psicologica alla Guerra fredda, che congelava la realtà anche più sgradevole paralizzando le reazioni, in nome di una stabilità quasi metafisica, che in fondo il Muro impietriva, immobilizzando l'ordine bipolare con la sua presenza. Tutte le dinamiche interne ai due blocchi non erano in grado di mutarne la logica, come se il Muro d'Europa ne assorbisse ogni tensione, restando immutabile nella sua fissità eterna. Così il clima della Guerra fredda aveva resistito alla destalinizzazione del XX Congresso del Pcus, al conflitto di Corea, al Trattato di Roma che faceva nascere la Comunità economica europea, si era irrigidito per l'invasione dell'Ungheria da parte dell'Armata Rossa e aveva trovato infine la sua conferma nel Muro, calcificata. Solo un uomo capì subito il peso che il mostro avrebbe avuto sulla città. Era il nuovo borgomastro di Berlino Ovest, il socialdemocratico Willy Brandt.

La notizia lo sorprese alle cinque del mattino sul vagone letto di un treno tra Norimberga e Kiel. Tornò in aereo a Berlino, parlò alla folla inferocita a Potsdamer Platz, usò tutta l'energia dei suoi quarantotto anni per far capire agli Alleati occidentali lo sfregio che veniva inferto alla città e per calmare i cittadini, evitando gesti che avrebbero potuto fornire pretesti per una reazione delle truppe sovietiche. Candidato alla cancelleria contro Adenauer, aveva il carisma e l'autorità (nonostante il suo avversario lo avesse appena attaccato per essere figlio di una ragazza madre, cassiera) per pretendere un rafforzamento delle truppe occidentali alla frontiera appena trasformata in muro.

Perse le elezioni, ma si trovò – praticamente solo – a giocare un ruolo nazionale, in difesa di Berlino oltraggiata dalla barriera divisoria. I tedeschi occidentali cominciarono a scoprire quel nome di battaglia con cui aveva sostituito il cognome Frahm quando i nazisti avevano messo fuori legge il suo partito, costringendolo alla clandestinità e all'esilio da partigiano in Norvegia e poi in Svezia. Anche gli americani lo scoprirono presto. Il 16 agosto, in un comizio davanti al municipio, parlò di un "campo di concentramento" in mezzo a Berlino, con tutto quello che la parola evocava in Germania, e denunciò "le potenze dell'oscurità", inconsapevoli antenate dell'"Impero del male" evocato decenni dopo da Reagan. Mentre Adenauer riceveva nel suo ufficio di governo a Bonn l'ambasciatore sovietico Andrej Smirnov, comunicandogli che "non intendeva aggravare il litigio in corso", Brandt raccoglieva l'indignazione popolare per l'inerzia dell'Occidente, le critiche dei giornali, il sentimento di solitudine della città e decideva di scrivere direttamente a Kennedy per chiedergli un aiuto militare capace di spezzare l'isolamento di Berlino Ovest, che rischiava di trasformarla in ghetto. Un sindaco che discuteva la linea politica occidentale con un presidente: il mondo incominciò a capire che il Muro era un acceleratore politico, una leva diplomatica, una lente d'ingrandimento nel punto focale della storia. La Casa Bianca mandò a Berlino il vicepresidente Lyndon Johnson e aumentò il contingente Usa in città di 1500 uomini, affidando addirittura il comando al generale Lucius Clay, eroe del ponte aereo per Berlino. Il Muro era diventato un caso internazionale, infuocando la Guerra fredda, a sorpresa. L'ultima moglie di Brandt, Brigitte Seebacher, oggi racconta che quando finalmente il borgomastro tornò nel suo ufficio in municipio trovò l'informativa riservata dei servizi segreti, consegnata il venerdì, due giorni prima della domenica in cui nacque il Muro: "Niente da segnalare per il fine settimana, clima tranquillo".

Arriverà anche Kennedy, due anni dopo, il 26 giugno 1963, un mercoledì. Ha tre fogli scritti a macchina in tasca, ma quando sale sulla grande pedana davanti al municipio di Schöneberg e si trova di fronte mezzo milione di cittadini, aggiunge una frase nata dall'incontro di dieci minuti prima con Brandt: "Tutti gli uomini liberi, ovunque vivano, sono cittadini di Berlino. Per questo, come uomo libero, dichiaro con orgoglio che io sono un berlinese". "*Ich bin ein Berliner*" era la formula che rendeva universale il tema del Muro e faceva di Berlino la capitale clandestina non solo della Germania, ma dell'intero Occidente.

Ma prima di Kennedy era arrivato l'orrore. Un anno dopo la sua costruzione, il Muro contava già ventisei morti, uccisi dai Vopos nei tentativi di fuga. Su Bernauer Straße, la strada murata, croci di legno, fiori avvolti nel cellophane, scritte sui muri ricordavano chi era stato fermato dai kalashnikov prima di superare la frontiera di filo spinato. Ma la ventisettesima vittima raccolse su di sé l'intera tragedia di tutti, agonizzando per più di un'ora davanti agli occhi dell'Occidente impotente a intervenire, e morendo in pubblico, in quella striscia appunto "della morte" dov'era caduto colpito al bacino dalle raffiche delle guardie di frontiera della Ddr, mentre con un amico si era arrampicato sul secondo sbarramento. Aveva diciotto anni, faceva il muratore, si chiamava Peter Fechter. In suo nome a Berlino Ovest si organizzarono manifestazioni di protesta contro il Muro, contro il governo della Ddr, contro i "padroni" sovietici.

Willy Brandt in quei giorni tastò il polso della città, partecipò ad assemblee di fabbrica, incontri pubblici nelle scuole e negli uffici. In lui cominciava a farsi strada un'idea nuova, quella di aggirare il Muro. Era ormai evidente, nel 1963, che non si poteva abbatterlo, si rischiava soltanto di morire cercando di forzarlo. E allora il borgomastro pensò che la politica potesse essere più utile della forza, e che il realismo avrebbe ottenuto un risultato migliore dell'eroismo, e per tutti. Timidamente nasceva l'Ostpolitik, l'idea che la Ddr era una realtà con cui bisognava comunque fare i conti, che il Muro era una sua mostruosa espressione, ma che un dialogo avrebbe potuto "semplificare" l'esistenza quotidiana dei cittadini della città divisa in due. Una politica che Brandt svilupperà prima da ministro degli Esteri nella grande coalizione del 1966, poi da cancelliere vincendo le elezioni del '69.

Era una svolta, era soprattutto la vittoria paradossale della Guerra fredda, talmente insediata nello spirito dell'epoca da risultare inscalfibile, unico punto di riferimento universale, parametro subìto ma condiviso, dunque accettato. L'Ostpolitik, in fondo, nasceva con la presa d'atto pragmatica che dal gelo di un conflitto incombente non si poteva uscire, perché questo era l'incantesimo armato del Novecento. Come in una foresta pietrificata, politica e diplomazia potevano muoversi soltanto dentro i suoi equilibri bloccati, nello schema primitivo e bipolare della paura reciproca, con i due blocchi che armavano e munivano i due mondi nel duello annunciato e sospeso, dentro i confini disegnati una volta per sempre, in sette giorni, nel febbraio 1945 sulle mappe di Jalta.

Il Muro, nella sua enormità rudimentale, sintetizzava tutto questo e lo sacralizzava in un mausoleo cieco di pietra che era anche e sempre più un sepolcro, un tempio del disumano, qualcosa di preistorico perché appunto fuori dalla storia, dove la chiusura dello spazio fermava il tempo. L'Ostpolitik è una presa d'atto, è la politica possibile con il codice della Guerra fredda.

A questo punto Ulbricht in qualche modo aveva vinto, ed era diventato inutile. Nella sua ossessione difensiva era riuscito a imporre al mondo il mostro che tagliava in due Berlino e imprigionava il suo popolo. Da costruzione politica artificiale, come aveva sottolineato nel '53 Lavrentij Berija ("l'unica cosa che vi tiene in vita sono le truppe sovietiche"), adesso la Ddr era uno Stato, con cui bisognava fare i conti, e il Muro era il suo vero emblema, la sua bandiera. Stato e partito coincidevano, la Stasi garantiva, proteggeva e controllava entrambi, l'ambasciatore sovietico nel suo gigantesco palazzo ai numeri 63 e 65 di Unter den Linden aveva l'ultima parola. Tutto sembrava rigidamente sotto controllo, pianificato, murato.

Ulbricht ha settantasette anni nel maggio 1971, quando dal Cremlino Leonid Brežnev gli consiglia di annunciare al partito le sue dimissioni per ragioni di età. Battono tutti le mani nel Politbjuro della Sed mentre il vecchio leader si allontana dopo ventuno anni e viene avanti il nuovo segretario generale, Erich Honecker. Non ha bisogno di proclami, perché la garanzia che nulla cambi è già nella sua biografia: come segretario per la Sicurezza, Honecker era stato infatti il vero costruttore del Muro, l'uomo che dal palazzo della polizia su Keibelstraße a mezzanotte del sabato decisivo aveva dato il comando per schierare le truppe nel centro della città, per alzare le barriere, per stendere il filo spinato e per chiudere col reticolato i varchi con l'Occidente. La fedeltà pagana al Muro, con un popolo preso in ostaggio, era la vera staffetta del potere, il pegno perenne, come un giuramento di pietra.

5.

La città della dannazione e del miracolo

Berlino, maggio 1989

Era l'ultimo Primo maggio comunista, ma nessuno poteva saperlo. I reparti sfilavano ordinati e compatti sulle sei corsie della Karl-Marx-Allee (la vecchia Stalinallee) presentando ogni volta le armi al palco d'onore da dove salutavano gli uomini che guidavano il partito e lo Stato. Dal basso verso l'alto, stordita dalla musica della banda, la folla osservava quei volti che normalmente vedeva solo nel telegiornale, o immaginava dentro le grandi Volvo nere e le Čajka sovietiche dai finestrini oscurati con le tendine, con cui i bonzi tornavano ogni sera dal santuario del partito al quartiere segreto di Wandlitz, nella foresta dove vivevano separati dal mondo, protetti dalle guardie armate, circondati da un altro muro, che segnava il passaggio dalla Berlino normale alla città invisibile della nomenklatura: 350 ettari di case prefabbricate, spaccio con prodotti e medicine occidentali, cuochi e camerieri della Stasi, strade senza nome.

Adesso erano qui, mentre passavano gridando il loro motto – "amicizia" – i drappelli della Fdj, la Libera gioventù tedesca del partito con le camicie blu e il sole nel distintivo sulla manica sinistra: Erich Honecker davanti a tutti, e a fianco i due uomini che lo tradiranno, Egon Krenz, responsabile politico della sicurezza nel Politbjuro, ed Erich Mielke, il ministro onnipotente che guidava la Stasi. Il vento insidioso dell'89 gonfiava gli stendardi ma sfiorava appena la tribuna del potere che sembrava invulnerabile, affacciata a dominare Berlino.

Poche ore dopo, un colpo di cesoia a Hegyeshalom, un paese di 3490 abitanti al valico tra Ungheria e Austria, a 170 chilometri da Budapest, mandava in pezzi il profilo possente dell'universo comunista, squarciando un mondo chiuso su se stesso. Per ordine del governo le guardie di frontiera magiare, posati i fucili, stavano incominciando proprio qui a tagliare i 260 chilometri di filo spinato che fortificavano il confine del blocco orientale, attraversati in doppia fila dalla corrente elettrica a 16 volt. Per tutto il giorno trattori con lame di acciaio temperato mozzarono i reticolati, mentre i bulldozer rimuovevano le lastre di cemento. Era la Cortina di ferro che si apriva, all'improvviso, chiudendo un'epoca e spalancando un mondo. Un buco attraversava all'improvviso la nozione di Est, sbrecciava l'equilibrio immobile del lungo dopoguerra, rompeva il velo che paralizzava il futuro impedito dell'Europa. Un mese dopo, un pezzo di quel fil di ferro ideologico verrà regalato a George Bush, in visita a Bonn: "Che la prossima barriera a cadere," dirà il presidente americano, "sia quella di Berlino".

Per ore e ore, le televisioni portano lo choc della frontiera tagliata in tutto il mondo, ma non nelle case della Ddr, dove arrivano solo le immagini trionfali della parata, con Berlino Est in festa: quando la telecamera incornicia Honecker nella musica, tra le bandiere e i cori, la voce dello speaker spiega: "Lui è l'uomo salito al vertice dello Stato". Ma c'è un'altra Berlino, che si muove col buio, guarda clandestinamente i notiziari occidentali. Nel quartiere dove si trovano la sera i ragazzi, dove rimbomba la ribellione universale del rock, a Prenzlauer Berg, qualcuno in quella stessa notte scrive sul muro una profezia con lo spray: "Chi è salito molto in alto cadrà nell'abisso".

Quante Berlino ci sono, dunque, separate, nascoste, divise e cucite dai chilometri armati del Muro? Per Nikita Chruščëv, guardandola dal Cremlino, c'era una città sola, anzi nemmeno una città, un esperimento politico, un luogo che assorbiva e generava tutte le tensioni possibili, perché quella era la vera zona nevralgica del mondo, il codice segreto della Guerra fredda, l'incrocio tra l'Est e l'Ovest dell'universo, le due linee fondamentali del Novecento che qui si generavano, o forse venivano a concludersi: "Berlino è per l'Occidente ciò che sono i testicoli per qualsiasi uomo. Quando voglio far strillare l'Occidente, schiaccio Berlino".

La città sublimata nel suo simbolo, quasi incapace di avere un significato reale, prigioniera com'era dell'allegoria minacciosa che produceva in permanenza, con l'astrazione che domina sulla vita concreta e si ribalta nelle strade e nelle piazze, dove si replica come uno specchio. Come quelle mappe medievali in cui la cartografia interpretava un'idea del mondo invece di disegnarlo, ingigantendo le proporzioni di un Paese non in base alle visioni ma secondo le ossessioni. E infatti nelle cartine dell'Est Berlino Ovest era rappresentata con una macchia bianca, un'assenza.

Tanto più di una città, dunque. Oppure: tutto, meno che una città. E infatti Berlino aveva rischiato di non esserlo più, dopo la distruzione della guerra e i diciotto mesi di bombardamenti. Sembrava impossibile che Unter den Linden, sventrata e attraversata da spettri affamati, potesse tornare a vivere come nel racconto di Heinrich Mann, quando i poliziotti a cavallo si fermavano davanti alle carrozze con le signore in pelliccia, gli ufficiali che salutavano, le ruote che spruzzavano fango; o che la Friedrichstraße mutilata dalle bombe recuperasse i colori descritti da Hans Fallada guardando le vetrine dei negozi, gli asparagi verdi italiani, i carciofi dalla Francia, le aragoste rosse da Helgoland, il granturco dall'Ungheria, il caviale nero dalla Russia, le ochette da ingrasso polacche, mentre mendicanti e prostitute si appoggiavano ai muri delle case e sul marciapiede i mercanti aprivano i loro bauli misteriosi con i flaconi luccicanti di profumo.

La città annientata pensava di non ritrovare mai più quel sentimento di sicurezza borghese che Joseph Roth sentiva a Klosterstraße quando dalla chiesa parrocchiale si alzava il suono del carillon e passava sulle strade poco illuminate, e che Walter Benjamin intravedeva nei bow window con le ombre ingigantite dai lumi accesi di Steglitzer Straße o di Blumeshof, "dove la miseria non poteva trovare accoglienza e nemmeno la morte, perché gli abitanti morivano altrove".

Quella classe media che aveva dato un'anima alla città, e che George Grosz aveva fissato per sempre dipingendo il suo *Racconto d'inverno* con il borghese immortale che pranza impugnando forchetta e coltello, mentre una ragazza e un marinaio lo guardano dal bordo del secolo che si sta rivoltando, e un cane a destra sta dormendo, come la sua coscienza. Era la Berlino di Weimar e dell'inflazione selvaggia, quando le tasche dei cappotti e delle giacche non bastavano per l'enormità di denaro necessario a comprare qualsiasi cosa, e si camminava con pacchi di soldi nella valigia o nello zaino. Le orchestrine avevano comunque imparato a suonare il jazz, le case si arredavano con i mobili Hoffner, si beveva la vera birra dolce doppio malto Engelhardt, che nutre, si digerisce facilmente ed è rinfrescante, magari con un cioccolatino Wan-Eta.

Ma il destino fatale della città, il suo carattere tragico la portano al primo patto col diavolo con la possessione hitleriana, che la domina contaminandola, in cambio di sensazioni di potenza e trionfo, accettando l'inganno dell'incantesimo. Vale allora per Berlino, irrigidita e ingigantita dalla mitologia nazista che voleva spingerla fino a otto milioni di abitanti, quel che il *Doctor Faustus* dice dell'anima impossessata, che ha appena firmato il contratto demoniaco: è il momento in cui tutto è inebriante, esaltante e miserabile, in cui anche la città prova il brivido del culto di sé, il delizioso orrore di se stessa, "come una bestia divina". D'altronde è qui che brucia il Reichstag, la notte del 27 febbraio 1933. È in queste strade che Johannes Robert Becher vede passare le fiaccole naziste davanti alle finestre chiuse, e sembrano macchie di sangue, ferite nella notte. È sulla grande piazza vicino al Teatro dell'Opera che Erich Kästner vede bruciare i suoi libri, insieme con quelli di altri ventitré scrittori, per ordine di Joseph Goebbels. Fino alla rovina della guerra, della distruzione, della soluzione finale, della morte e più ancora della colpa, che resterà come un marchio sulla città per conto della nazione: d'altra parte Hitler sognava di cambiare nome a Berlino, per chiamarla "Germania".

C'è dunque una condanna in più, per la città in rovina, quasi una maledizione: dovrà rialzarsi portando il peso supremo del conflitto tra il bene e il male, dovrà sdoppiarsi in un'altra divisione, un'eterna contesa per l'anima sedotta dall'ambivalenza del mito, incanto e barbarie, gloria e veleno. Con l'obbligo di fare i conti del continuo passaggio tra colpa e riscatto, tra onore e vergogna, tra meraviglia e furore, in un ciclo instabile che costringe a una perenne metamorfosi, cambiare, ricordare, seppellire e ogni volta risorgere, quasi che Berlino fosse uno spazio sacrificale.

Accade nel 1950: le rovine delle case bombardate, le macerie di una vita collettiva, i resti di una convivenza distrutta, gli oggetti d'uso quotidiano – 18 milioni di metri cubi – vengono scaricati per settimane nella foresta di Grünewald, interrati o piuttosto issati, visto che alla fine formeranno un ammasso enorme, il Teufelsberg, la montagna del diavolo alta 120 metri, luogo di sepoltura e insieme di memoria, che oggi i ragazzi risalgono facendo trekking fino alla vetta, con le antenne diroccate del centro di ascolto americano. Ma in quell'epoca la città è occupata, divisa in quattro, spaccata in due. Abituata a concepirsi come un insieme unitario, scopre la dannazione del doppio, le due parti contrapposte, in duello, in una competizione infinita che annulla l'identità di Berlino, crea due nuovi soggetti che portano quel nome in parallelo. Di quel che era la città rimane soltanto un'idea, sepolta via via negli anni che passano. E si capisce il grido del borgomastro socialdemocratico Ernst Reuter, nel 1948, durante il blocco di Berlino: "Mi rivolgo a voi, popoli del mondo, vegliate su questa città".

Dov'è finito quel Dio berlinese che Walter Benjamin trovava nelle logge dei vecchi palazzi, tra le sedie di ferro e la luce a gas che rischiarava i libretti delle edizioni Reclam? Georg Heym lo vedeva circondato dal fumo delle ciminiere e delle fabbriche, che saliva verso di lui come incenso: "Sopra un blocco di case sta seduto / gli cingono la fronte i venti neri", mentre "accende il rosso ventre, a Baal, la sera". Qualcuno addirittura ricollega mitologicamente le quattro zone di Berlino alla "città quadrata" che Jung riporta al mandala orientale, archetipo supremo dell'ordine totale. Ma la verità è che nel dopoguerra non può più esserci uno spirito universale di Berlino, nemmeno spaventoso e terribile, certamente non unitario e tantomeno ordinatore. Ci sono due nuove realtà, che portano il nome di Est e Ovest, come se i punti cardinali fossero l'ultima fonte d'identità: divisa.

Adesso, le forme della ricostruzione nelle due Berlino s'incaricano di divaricare anche visivamente le due immagini della città in due sembianze contrapposte, addirittura antitetiche, certamente contrastanti. L'estetica diventa una variabile della politica, l'architettura si fa nuovamente propaganda. Il vetro e il cemento rimodellano la città occidentale, che vuole reinventarsi libera dal passato, e chiama Le Corbusier, Aalto, Gropius, Niemeyer a progettare e costruire i palazzi modernisti dell'Hansaviertel accanto al parco Tiergarten, il Kulturforum, la Filarmonica, il Teatro dell'Opera, la Biblioteca nazionale che programmaticamente non ha nessuna apertura, né porte né finestre, che guardi verso est, come se gli architetti spingessero Berlino Ovest a voltarsi definitivamente dall'altra parte, mutilata per sempre. La conferma che ognuna delle due metà berlinesi viveva nell'ossessione dell'altra, anche se ormai sviluppava riti distinti e diversi. Una folla enorme celebrò nel 1950 il palazzo neoclassico simbolo della ricostruzione, il gigantesco Kaufhaus des Westens ("Grande Magazzino dell'Ovest"), cioè il KaDeWe, fondato nel 1907, espropriato dai nazisti, distrutto dall'incendio di un aereo precipitato nel '43 e di nuovo pronto a vendere tutto ciò che era comprabile nei suoi sessantamila metri quadrati divisi su sette piani. L'abbondanza, il consumo, il lusso come antidoti alla paura, che a Ovest camminava di fianco al benessere per tutto il lungo periodo della Guerra fredda.

Il simbolo contrario, sigillo sovrano del controllo e del comando, a Berlino Est era impiantato nel cuore di Unter den Linden: erano i 130 metri con 320 stanze dell'ambasciata sovietica, con i muri di pietra e i cancelli di ferro neri e dorati. Attorno cresceva l'architettura stalinista che replicava in Germania le costruzioni imperiali di Mosca, i palazzi a torta nuziale, tra gli altoparlanti e le bandiere rosse, con gli slogan sui cartelloni e i ritratti degli eroi del socialismo. Finché si arriva al chilometro e mezzo della strada che doveva celebrare il culto del dittatore, la Stalinallee, con le facciate dei palazzi tutte uguali, piastrellate con le tavolette bianche e gialle dell'architettura funzionale, e le statue delle contadine al lavoro, con i fazzoletti in testa, al posto di quei cortili concentrici dove una volta Alfred Döblin radunava venditori di trippa, strilli di bambini, puzza di alcol, la luce a gas alle finestre dietro una guarnizione di vetro, e un vecchio che offriva la sua bilancia per controllare il peso, a 5 Pfennig.

Quando arriva il Muro, con la sua pretesa di fermare il tempo imprigionando lo spazio, sembra voler bloccare la metamorfosi continua di Berlino, la sua reinvenzione costante. Ma è un'altra possessione demoniaca, un'altra prevalenza dell'Oscuro che convive con la città della dannazione e del miracolo. Ora il confronto tra le due città è impedito e obbligatorio insieme, la sfida è totale, l'egemonia si gioca su tutto, con lo sport nella parte orientale, con la cultura a Occidente. Nel 1951 Alfred Hitchcock inaugura il Festival del cinema (escluse le opere dei Paesi socialisti) con *Rebecca, la prima moglie*: orso d'oro a *Quattro in una jeep*, targa speciale al *Cristo proibito* di Curzio Malaparte, premio del pubblico a *Cenerentola* e un coro di critiche da Berlino Est per le pellicole giudicate "decadenti nei contenuti", piene di "sentimentalismi piccolo-borghesi", percorse da "tendenze antisovietiche", dominate da un evidente "nichilismo propagandistico".

Il rimbalzo tra le due città, rese invisibili l'una all'altra, è continuo. Vivono disgiunte cercandosi come due sorelle siamesi, nel bene e nel male. Il legame non può essere fisico, materiale, dunque è psicologico, spirituale, come un condizionamento reciproco, un contatto a distanza, una rabdomanzia. Togliendo la libertà all'Est, il muro toglie l'aria all'Ovest, da una parte strangola, dall'altra soffoca. La città orientale ha il problema delle fughe, anche se la barriera ha rarefatto l'esodo. La Berlino occidentale vive il dramma dell'invecchiamento, della perdita di vitalità e di prospettiva. "Noi siamo isolani, ricordiamocelo," ammoniva nei primi anni sessanta il programma *Kabarett* della radio americana Rias, che cercava di tramettere musica e parole occidentali dentro i palazzi della Ddr dalla stazione vicino a Innsbrucker Platz. "Isolani circondati dal Mar Rosso."

Da questo accerchiamento che complica i trasporti, il percorso delle merci, l'insediamento di nuove imprese, vieta le fabbriche di armi e di strumenti bellici, se ne vanno i "cervelli", i tecnici più specializzati, i ricercatori e i giovani, cercando una Germania più aperta, meno vincolata, impaurita e prudente della vecchia capitale. Si scopre così, giorno per giorno, che Berlino Ovest non è compiutamente Ovest, impedita e condizionata dal Muro, che c'è sempre un Occidente più a occidente. Dentro, la popolazione invecchia, la natalità diminuisce, i pensionati crescono. Non si capisce la vocazione della città, come se il Muro decretasse con la sua sola presenza una distorsione del tempo e una sospensione del destino, anche per la parte libera di Berlino. E non bastano i sussidi del governo federale per i residenti, le agevolazioni fiscali, un welfare speciale. L'unica cosa che funziona davvero è l'esenzione dal servizio militare per i ragazzi che scelgono di vivere a Berlino.

La libertà dall'obbligo di leva attrae un pezzo di popolazione giovanile, ma soprattutto semina una cultura che diventa un'obiezione, un'alternativa, un contro-pensiero. Si racconta che qui le università siano più facili, gli affitti certamente sono bassi, i teatri pieni, i locali notturni – come Risiko, Penny Lane, Shizzo, Dschungel, Anderes Ufer – possono restare aperti più a lungo nella notte rispetto alle altre città tedesche. Il rock fa da detonatore, arriveranno Iggy Pop, Brian Eno e i Depeche Mode a incidere i loro dischi negli Hansa Studios, in Köthener Straße 38, dove sono andato a vedere la grande sala vuota, mentre i ragazzi di oggi si fotografano davanti all'ingresso sulle orme dei ragazzi di trent'anni fa. È qui che è nata una forte spinta di ribellione, di dissenso, di contestazione. S'incrocia con la Guerra del Vietnam, con le idee della Scuola di Francoforte, s'infiamma di protesta contro gli Stati Uniti, giovedì 6 aprile 1967 scende in piazza contro la visita in città del vicepresidente americano Hubert Humphrey, che quattro anni dopo gli applausi a Kennedy deve attraversare la città su un'auto blindata per raggiungere il castello di

Charlottenburg, tra due file di poliziotti, con 14.000 uomini armati nelle strade.

In tutto l'Occidente dilagano le parole d'ordine del Sessantotto, il movimento è universale. Ma a Berlino c'è qualcosa di più, qualcosa di particolare, generato dal luogo. Rapidamente e per la prima volta dal ponte aereo del '48, la contestazione rovescia il sentimento filoamericano della città nel suo contrario: un antiamericanismo a ridosso del Muro, a un passo dalla frontiera dell'Est, praticamente a contatto con l'altra parte del mondo, una polemica politica contro gli Usa cui però l'antiautoritarismo del Sessantotto e la ferita di quella trincea nella città impediscono immediatamente e in ogni istante di diventare filosovietica.

Il Muro dunque vince, nella sua ottusità immobile. Le due Berlino rimangono simmetriche nella loro condanna alla divisione, in attesa dell'ultima resurrezione della città, il prodigio che deve compiere la storia. Il Muro domina, ma fatica a trattenere lo spirito del fine secolo, che cambierà il mondo. Qualcosa passa attraverso. Nel giugno '87 David Bowie canta *Heroes* davanti al Reichstag, ma gli altoparlanti voltati verso Berlino Est portano la musica e soprattutto le parole nell'altra città, con un appuntamento eversivo: "E i fucili sparavano sopra le nostre teste / e ci baciavamo come se nulla potesse accadere / e la vergogna era dall'altra parte / oh, possiamo batterli, ancora e per sempre".

Da est, nei giorni sereni ma umidi, arriva ancora oggi chissà perché l'odore di zolfo e di lignite nell'aria, una persistenza più duratura della storia. D'altra parte, diceva Brecht, della città "resterà il vento che l'attraversa".

6.

La tentazione degli intellettuali

Berlino, giugno 1989

Come al solito quando lei parlava in pubblico, Georg Melzer, l'autista fidato che l'aveva accompagnata fino all'ingresso del Palast der Republik con la Volvo nera del governo, si era seduto di lato, quasi alle sue spalle, per guardarle le gambe che nel suo silenzio di Stato giudicava segretamente bellissime. In privato, sull'auto che la prendeva al mattino nel quartiere della nomenklatura a Wandlitz per portarla al lavoro, lui poteva chiamarla per nome, Margot. Ma quando le apriva la portiera in pubblico, come quel martedì 13 giugno 1989 al congresso dell'Unione pedagogica della Ddr, doveva salutare la "compagna ministro". Adesso Margot Honecker aveva finito di stringere mani, e aveva posato sul tavolo il mazzo di fiori gialli e blu che una bambina delle elementari le aveva offerto, come benvenuto al ministro dell'Educazione popolare.

Salì due gradini per arrivare al podio dell'aula magna, aggiustò i microfoni davanti a sé e davanti al mondo che stava cambiando, con Gorbačëv appena arrivato in visita di Stato a Bonn e pronto a firmare undici accordi con Helmut Kohl, il leader dell'altra Germania, nemica ereditaria. Un tocco con la mano al colore impossibile dei capelli, che nei sussurri del popolo la faceva chiamare "il Drago viola", un tocco ai grandi occhiali dorati occidentali, poi guardò la sala: "Compagni, noi siamo fieri dei nostri giovani, ma ai ragazzi voi dovete insegnare che devono difendere il socialismo, sempre. E se necessario, devono difenderlo anche con le armi in pugno". Nella grande sala risuonò un allarme silenzioso. Tutti la guardavano come se la vedessero per la prima volta, in quell'immagine improvvisamente rovesciata: non era più la moglie del capo, spietata nel disporre le adozioni forzate dei bambini dei dissidenti, ma la rivelazione involontaria di un potere declinante, assediato e ormai insicuro, mentre se ne andava stringendo la borsetta dove teneva pronta una piccola pistola Browning cromata d'azzurro, ultimo scongiuro per l'onnipotenza che si scioglieva nel caldo dell'estate 1989.

Così stava finendo l'epoca della grande pedagogia di Stato, con la first lady (Ordine di Karl Marx e Ordine al merito per la Patria in oro) che fissava i canoni per la costruzione dell'uomo nuovo a partire dalle scuole, dove bisognava forgiare anima, corpo e carattere degli studenti secondo i comandamenti del partito, nell'interesse del proletariato, ripulendo "tutto il sistema educativo dall'immondezzaio reazionario". Anche lo scrittore era un educatore, nel Paese in cui la cultura aveva un compito politico, fissato dalla Costituzione all'articolo 18: "La Ddr promuove e protegge la cultura socialista, combatte la cultura imperialista. L'attività artistica si basa su uno stretto legame con la vita del popolo". Il realismo socialista è la forma d'espressione culturale del regime, lo scrittore deve essere iscritto all'Unione che lo controlla, e ogni manoscritto per diventare libro deve avere l'autorizzazione e il visto della Direzione nazionale per l'editoria.

La grande pianificazione centrale di Stato, che regola e prefigura tutta la vita del Paese, ingoia anche i libri e la produzione culturale, e decide temi e obiettivi, tempi, tirature e distribuzione, dunque il successo e l'oblio, anche se Bertolt Brecht ammoniva che "quando si tratta di pianificare l'arte si deve procedere con molta cura, e meno si dice sulle questioni stilistiche meglio è. Soltanto gli stivali si possono confezionare su misura, mentre le idee degli uffici non si possono trasferire in opere artistiche". Non solo: "Se gli artisti devono essere conquistati è meglio far finta di non capirli piuttosto che attaccarli. Nell'arte, come nell'andare a letto con qualcuno, c'è bisogno del seduttore, ma quando si seduce non ci devono essere parole dure".

All'inizio del dopoguerra la direttiva orienta la letteratura al racconto della ricostruzione del Paese distrutto, mentre si aprono dieci campi d'internamento (alcuni sono strutture naziste velocemente riadattate, come Buchenwald) dove finiscono i primi intellettuali dissidenti, insieme con i socialdemocratici renitenti alla fusione col Partito comunista, a studiosi, professori. Nel racconto teatrale, letterario, cinematografico e nell'insegnamento scolastico la Ddr diventa la vera anima della Germania, custode delle migliori tradizioni prussiane e tedesche, mentre il peso del peccato nazista viene trasferito integralmente sulla repubblica di Bonn. È un'epica avvolgente, minuziosa, quotidiana, rilanciata dai giornali e dai libri, ma anche dagli altari laici e pagani che nascono in ogni fabbrica, in ogni azienda per celebrare la trinità della liberazione della Germania da parte delle truppe sovietiche, la nascita gloriosa della Ddr, la vicenda storica dei partiti socialisti e operai. La cornice dell'antifascismo, del ripudio nazista, diventa il nucleo morale e concettuale che giustifica e convalida la ragion di Stato tedesco-orientale, e che funzionerà per decenni da alibi, da scusa ma anche da suggestione e fascinazione reale per il consenso di molti intellettuali al regime, e per il mancato rigetto della dittatura. Una specie di interdetto cultural-politico, che consentiva di scambiare quote giornaliere di libertà con una predicazione nazionale antinazista.

Tutta la vicenda dell'intellighenzia tedesco-orientale, nei quarant'anni della Ddr, si gioca su questa ambivalenza tra l'adesione e la persecuzione, sul mito germanico dell'anima libera e prigioniera, sul dilemma demoniaco tra la seduzione del potere che genera la subordinazione e l'autonomia intellettuale che porta alla resistenza, al distacco, al dissenso. Ne parlo con Joachim Gauck, il pastore protestante che è stato presidente della Repubblica di Germania dal 2012 al 2017. "Bisogna capire," mi spiega, "che a un certo punto è calata sul Paese una sindrome di adeguamento causata dalla paura. Le persone hanno cercato un compromesso con se stesse e con il potere, hanno provato a comportarsi in modo leale con lo Stato, per poter crescere nel lavoro, andare avanti. Poi, certo, è la vita che decide. Prenda il mio caso, avevo undici anni quando mio padre è stato portato via da casa e rinchiuso in un gulag in Siberia. Lui non esisteva più, nessuno ci diceva dov'era, non avevamo risposte. Voglio dire che normalmente non si diventa un uomo politico a undici anni, ma a me è capitato, per forza, ero il più grande di cinque figli, ho dovuto prendere coscienza. Tuttavia capivo anche perfettamente come funzionava il meccanismo intorno a me, era quasi naturale quell'adeguamento di cui ho parlato. Si faceva carriera adeguandosi, si sopravviveva adeguandosi. Meglio: si andava avanti attraverso la sottomissione."

Ines Geipel, la scrittrice che da ragazza era stata un'atleta famosa, aggiunge qualcosa di più: "Vivevamo nella schizofrenia, l'intera società era schizofrenica. La Ddr era una dittatura assistenziale, le persone avevano una casa, un lavoro, certe categorie erano privilegiate, ma nessuno si sentiva al sicuro. Avevamo paura, sempre, in ogni spazio c'era una sensazione di detenzione, era come guardare il mondo attraverso le sbarre: con le dita vorresti toccarle, spostarle, non ci sono ma le senti. La paura in tutti quegli anni si nascondeva nel corpo e nell'anima, e nel frattempo si è amato, si è gioito, perché altrimenti non si sarebbe potuto vivere. Ecco la schizofrenia cos'era: la paura, e insieme la forza della vita contro la paura".

Una vicenda di disperazione, ma anche di soggezione, di inevitabile contaminazione, certamente di tentazione. "Noi dell'Ovest non abbiamo il diritto di giudicare gli scrittori della Ddr," dirà dopo la caduta del Muro Günter Grass. "Criticarli senza aver vissuto la loro realtà terribile sarebbe un insulto mostruoso." Ma i libri, le canzoni, le pièce teatrali portano inciso il dubbio supremo dell'intellettuale: "*Aufgeben oder kämpfen?*". Piegarsi o lottare, chiudere gli occhi o vedere, accettare o reagire? È un dilemma che attraversa la comunità degli autori e l'ambiente degli artisti, all'insegna dell'ambiguità e del compromesso, della ribellione e dell'autocensura, ma che ancor più pesa sui singoli individui, dilania le biografie, tormenta le personalità individuali, e infine arriva al punto di rottura, che separa l'autore dalla sua opera.

Ecco perché non ci sarà il romanzo tedesco sulla rivolta operaia del 1953 a Berlino, soffocata dai carrarmati sovietici (salvo *Cinque giorni in giugno* di Stefan Heym, però pubblicato soltanto in Occidente) ma solo la lettera di Brecht a Ulbricht di sostegno al partito, con la richiesta di un "chiarimento con le masse" e la critica per "l'insoddisfazione di molti lavoratori e soprattutto degli artisti: sui lavoratori si fanno pressioni per aumentare la produzione, sugli artisti perché rendano tutto questo allettante". La destalinizzazione fa sperare in un disgelo culturale, subito annientato dall'invasione dell'Ungheria, e dal giro di vite che ne consegue, con lo slogan militante di Ulbricht nel '59: "Compagno, prendi la penna, perché la cultura socialista ha bisogno di te". Sembra aprire uno spiraglio nel buio Honecker, quando nei primi anni settanta dichiara che l'artista è libero, se è davvero socialista, e può scrivere su qualsiasi tema. Ma nel '76 scoppia la prima crisi pubblica tra l'intellighenzia e il potere, che cancellerà ogni illusione.

Lo strumento del conflitto è la chitarra di Wolf Biermann, poeta e cantante popolarissimo, nato ad Amburgo nell'Ovest ma deciso fin da giovane a vivere nella Ddr, dove si trasferisce quando ha diciassette anni, nel 1953. I testi delle sue canzoni lo portano immediatamente oltre la linea del consentito, come la *Ballata della Stasi*, degli anni sessanta: "Umanamente mi sento legato a questi poveri cani della Stasi / che con la neve e la pioggia sono costretti a sorvegliarmi attentamente / e hanno piazzato un microfono per ascoltare ogni rumore / canzoni, battute, maledizioni sussurrate al cesso e in cucina". Altri versi cantano la fatica quotidiana della vita nella Ddr: "La nonna è ancora viva, e se una volta vai in Occidente / falle una visita e salutala da parte del suo nipote preferito. / E se lei ti chiede di me, piange e maledice il Muro / dille che prima di morire una visita l'avrà ancora". Fino ad arrivare a *Ermutigung*, Incoraggiamento, che i ragazzi cantavano come un segno di riconoscimento nelle notti di Berlino Est: "Non lasciarti amareggiare / da questo tempo amaro / i potenti tremano. / Non lasciarti spaventare / in questo tempo di terrore. / È quello che vogliono / che noi gettiamo le armi / già prima della battaglia".

Scattano le censure, gli ammonimenti, i divieti. Si scoprirà che in quegli anni la Stasi impiega addirittura settanta spie per tenerlo sotto controllo, mentre nel 1965 arriva la proibizione totale di cantare in pubblico, leggere le sue poesie e pubblicarle, per "tradimento di classe" e "oscenità". È il momento del silenzio. Tre anni dopo, Biermann incide su un registratore Grundig che un amico gli ha portato da Berlino Ovest le canzoni per un disco che uscirà solo nella Germania Occidentale: il titolo è quello del suo indirizzo-confino, *Chausseestraße 131*, e nelle musiche è rimasto il rumore del tram che passa in strada lì davanti, a testimoniare l'eccezionalità della registrazione clandestina, quasi pirata, apertamente ribelle. Nel '76 il governo concede al poeta il permesso di andare a Ovest, a Colonia, per un concerto che verrà trasmesso in diretta dalla televisione occidentale. Immediatamente il Politbjuro della Sed gli toglie la cittadinanza e lo espelle dal Paese "per grossolana violazione dei suoi doveri di cittadino".

È una valanga. Quindici artisti tedesco-orientali firmano un manifesto in difesa del poeta, subito se ne aggiungono altri, a decine. E qui scatta la reazione di violenza e paura da parte del potere, che teme il contagio e isola i dissidenti, anzi li disperde. Alcuni scrittori che si sono schierati con Biermann finiscono in carcere, molti altri vengono espulsi.

È l'amputazione del corpo estraneo, la misura di

polizia estrema per esiliare le idee ribelli, la scelta dell'altrove come unico luogo consentito al dissenso. Già prima della nascita del Muro i dissidenti venivano spediti a Berlino Ovest, con un veloce visto temporaneo, ed era un viaggio di sola andata. Bisogna aggiungere gli intellettuali che spontaneamente sceglievano di fuggire, e che il regime certo non tratteneva. Si spiega così l'impoverimento morale e politico dell'intellighenzia che sopravviveva nella Ddr, senza la parte più combattiva, più consapevole, più autonoma. I controlli capillari e pervasivi della Stasi, i più minacciosi dell'intero campo socialista, seminavano paura, sospetto, prudenza. Il risultato è una élite del pensiero che non genera una vera cultura del dissenso come in altri Paesi dell'Est, non organizza gruppi clandestini come Charta 77 o movimenti come Solidarność, non produce il racconto di registi come Andrzej Wajda a Varsavia o Miklós Jancsó a Budapest, ma gesti isolati di resistenza, testimonianze personali. A Berlino Est la critica intellettuale sceglie il chiaroscuro di una strada intermedia, arrivando a credere che il regime possa essere modernizzato, il socialismo di Stato riformato e che da questa correzione possa infine nascere quella terza via che abbaglierà molti artisti fino alla fine della Ddr, quando i cittadini stavano già smantellando il Muro.

La conseguenza è una doppia morale, con parole che si possono pronunciare solo in cucina, staccando la presa del telefono e alzando il volume della radio, e parole per l'esterno, da recitare nella vita pubblica. Anzi, una morale tripla, perché poi ci sono le parole scritte nei libri, la vita dei personaggi letterari, cui si consegnano spazi di libertà, squarci di autenticità, persino lampi di verità che l'autore nell'esistenza di tutti i giorni non può permettersi. È un mondo in cui non si è mai soli, un meccanismo di continua intromissione del potere nella quotidianità, quindi un condizionamento costante dell'espressione artistica, costretta a compiersi tenendo conto dell'ombra permanente che la sovrasta. Un corpo a corpo spesso invisibile ma inevitabile, a colpi di segnali, allusioni, spazi che si aprono e si chiudono, sottintesi, concessioni, divieti, permessi, minacce, silenzi. Quasi come se si scrivesse in due.

Poi, c'è qualcosa di più. L'ipnosi della violenza, il fascino del potere assoluto, la relazione involontaria tra il controllato e il controllore, il segreto dell'onnipotenza prodotta dalla discrezionalità totale, l'incantamento della strategia del ragno. Il risultato è il cedimento, il passaggio di campo, la consegna di sé, l'inconfessabile. Che nasce dalla paura, dall'opportunismo, dal vantaggio di uno scambio, dall'ambizione di un successo letterario: ma anche semplicemente da una seduzione intellettuale, dalla tentazione di attraversare lo specchio che tutto riflette, dal richiamo a varcare la soglia del mistero del potere, andare oltre, svelarlo e prenderne parte, mettendo ancora una volta l'anima all'incanto, come se fosse una dannazione tedesca, peggio, un destino. Eppure lo confermano, dopo la caduta del Muro, gli intellettuali finiti nella rete della Stasi come informatori non ufficiali, cioè spie a gettone.

La scrittrice Monika Maron che ha collaborato per due anni con gli apparati quando era trentacinquenne, spiando cittadini dell'Ovest e firmando i rapporti col nome in codice "Mitsu", svela il sortilegio del maleficio: "Avevo voglia di avventura, volevo uscire. Tutti parlavano della Stasi, volevo sapere com'era da dentro, come si faceva. Lo trovavo eccitante". Heiner Müller, il grande drammaturgo che è finito tra i collaboratori della Stasi con la sigla "Heiner", spiega di aver ceduto all'ambizione e alla lusinga intellettuale di "avere voce in capitolo, di poter offrire un parere, visto che cercavano gente colta". Il regista Joachim Tschirner, sedici anni di spionaggio firmati col nome "Hans Matusch", ammette che era "una cosa schifosa". Sascha Anderson, il poeta di Prenzlauer Berg, il quartiere della cultura alternativa a Berlino Est, e in realtà informatore per quattordici anni della XX sezione della Stasi con i nomi in codice "David Menzer", "Fritz Müller" e "Peters", rivela di aver collaborato con gli Organi "per fiducia, per voyeurismo, per codardia, per curiosità del potere assoluto, giocando con la mia esistenza. Non ero al cento per cento né un poeta, né un agente, né un essere umano. Ero io: e ciò che sono è sopravvissuto al disastro di altri".

È il doppiofondo dell'intellighenzia, con una doppia morale dentro una doppia vita. La prima vita, ufficiale e pubblica, può ignorare la seconda, quella della compromissione, può cancellarla? Può "dimenticarla", disse Christa Wolf, e mentre lo diceva capiva che non è credibile. Aveva scritto nel '63 *Il cielo diviso* per raccontare la storia di due innamorati che si separano perché lui, Manfred, fugge "di là", a Berlino Ovest, e quando Rita lo raggiunge capisce che i giorni e le notti di quella città "sorda e muta", piena di insegne luminose che scattavano nel buio, "erano di una sostanza diversa" e decide di tornare nella Ddr dove "tutto è calore e intimità", guardando dalla finestra della sua mansarda "la città piena di fuliggine". Christa aveva partecipato alle grandi manifestazioni che avrebbero portato alla caduta del Muro, invitando i suoi concittadini a non abbandonare il Paese. Poi, quando si erano aperti gli archivi della Stasi, aveva letto i quarantadue volumi dei rapporti scritti dagli agenti che la sorvegliavano.

Ma ecco che la funzionaria degli archivi le consegna in lettura una cartellina verde, lei vede la sua calligrafia, le si rizzano davvero i capelli in testa, riconosce il resoconto che ha trasmesso alla Stasi su uno scrittore, le informazioni su quattro incontri con due "contatti" e, in fondo, il suo nome in codice, "Margrethe": tra il '59 e il '62 era stata una "IM", *inofizielle Mitarbeiterin*, una collaboratrice informale dei servizi segreti.

Decide di tenere tutto nascosto ma mentre è a Los Angeles, ospite per nove mesi della Fondazione Getty scrivendo e studiando i diari di Thomas Mann, e guardando il mare da una panchina di Ocean Park, il fax le rovescia pagine di giornali tedeschi con il suo nome nei titoloni, e quella sigla: "IM".

"Non volevo crederci," scriverà nella *Città degli angeli*, "ma il corpo ci credette subito, il cuore cominciò a battere furiosamente, ero in un bagno di sudore, catastrofe imminente, istinti di fuga." I giornali di tutto il mondo raccontano il suo caso, lei pensa a uccidersi ("il fondo del vortice dove non ci sarei più stata mi attirava"), deve spiegarsi con gli altri scrittori e con gli amici americani ("*Some kind of agent? Or spy?*"). Pronuncia quelle parole e le sente ripugnanti, avverte "il passato che agguanta", è come se le precipitasse addosso l'intera tragedia della Ddr. Allora fa i conti con le altre parole che nascono dalla sua stessa biografia sdoppiata: *Reue*, pentimento; *Gewissen*, coscienza; *Vergehen*, reato; *Bisse*, i morsi dei rimorsi; e poi *ich schäme mich*, mi vergogno; *es tut weh*, fa male; fino ad arrivare al profondo dell'anima tedesca, al sentimento supremo, *die Schuld*, la colpa.

Da tutto questo si capisce che nel Paese del grande sospetto gli intellettuali non costruiscono uno spazio pubblico autonomo, una bolla sociale in cui impiantare i germi del dissenso, e la cultura non è un bene rifugio. Gli unici spazi alternativi diventano così le navate delle chiese evangeliche, dove la Stasi ufficialmente non può entrare. E qui, mescolando ai canti luterani ("Dio, guardami dal cielo, dal profondo dell'angoscia grido a te") le prime messe blues che riempiono la Samariterkirche di giovani, lo spirito dell'89 genera i primi nuclei spontanei della dissidenza.

Oggi la chiesa è vuota a metà mattina, quando mi siedo nell'ultimo banco con i ceri nei lumini rossi accesi ai due lati, mentre Rainer Eppelmann (il pastore oppositore di allora) racconta perché è nato tutto qui, dopo che il padre del dissenso tedesco-orientale, Robert Havemann, aveva passato a lui la staffetta: "Queste grandi chiese evangeliche della Ddr erano l'unico luogo libero in cui le persone potevano incontrarsi e parlare senza che il governo guidasse la discussione, decidendo il tema. I ragazzi che suonavano la chitarra alle messe blues avevano i capelli lunghi, i jeans, fumavano davanti all'altare e bevevano il vino, non erano mai entrati prima in una chiesa. Ma con loro, con le letture bibliche e con la preghiera ingannammo la Stasi, cominciavamo parlando di Dio onnipotente, di Gesù Cristo e arrivavamo ai missili, alla pace, ai diritti umani, ai brogli elettorali, con le navate piene di gente e la coda per entrare. Certo, fuori gli uomini della Stasi fotografavano e filmavano dai tetti e dai balconi chi entrava e chi usciva, e non si nascondevano dietro ai camini ma si mostravano in pubblico, per intimidire le persone. Ma eravamo in tanti, eravamo troppi. E una volta dentro, tutti potevano parlare liberamente".

Così da marzo la preghiera del lunedì si trasforma in una pubblica discussione, il 23 giugno a Dresda duemila fedeli protestano contro le intimidazioni della polizia, due giorni dopo nella chiesa del Salvatore a Berlino si celebrano con fiaccole e tamburi le vittime cinesi della repressione di piazza Tien An Men, mentre nella chiesa di San Nicola a Lipsia di fianco all'altare spunta uno striscione che pretende libertà per Václav Havel. Così si torna a ricordare il martirio del pastore protestante Oskar Brusewitz, che nel '76 vicino alla chiesa di Zeitz si è dato fuoco dopo essersi cosparso di benzina per denunciare "l'oppressione dei bambini nelle scuole da parte del regime comunista". Quando i ragazzi del partito giuravano cantando "anche senza Dio e senza il sole noi completeremo il raccolto", lui replicava che "senza pioggia e senza Dio il mondo va in rovina".

Il Dio tedesco, che l'uomo luterano non può raggiungere "con le sue corte braccia", entra dunque nella partita dell'89, al posto degli intellettuali tiepidi. Li accusa Uwe Kolbe, il poeta dissidente spiato per anni dal fratello Karlheinz, poi morto suicida: "Non erano liberali, non erano anticomunisti, non erano nulla, e non hanno capito che i capi della Ddr erano borghesucci squallidi, che presidiavano uno spazio vuoto. Scrittori, poeti, musicisti facevano i funamboli, ballando sul Muro".

Finito il gran ballo, ingannate le Muse, Christa Wolf si chiederà "se siamo ancora capaci di distinguere il giusto e l'ingiusto, il bene dal male". Ma l'ultima domanda è un'altra, e naturalmente riguarda la letteratura e il potere: sotto il Muro, si poteva raccontare la vita e la morte? E dopo aver venduto l'anima, infine, si può ancora scrivere d'amore?

7.

L'isola sommersa

Berlino, luglio 1989

Si sentì male senza preavviso. Appena sceso dalla scaletta dell'aereo, sulla pista di Bucarest dove venerdì 7 luglio lo aspettava una ragazza con un mazzo di fiori rossi, Erich Honecker aveva fatto cinque passi verso Nicolae Ceauşescu, prima di scambiare con il Conducator romeno il tradizionale bacio sulla bocca nel saluto tra partiti fratelli: il rituale comunista si era ripetuto con tutti i leader dei sette Paesi alleati, meno che con il presidente del partito ungherese Rezső Nyers, in odore di eresia per le sue aperture troppo democratiche, e quindi accolto soltanto con una stretta di mano. Per Honecker, invece, i massimi onori e soprattutto un'amicizia politica evidente, sottolineata dagli applausi mentre saliva sull'auto di Ceauşescu per raggiungere la riunione del Patto di Varsavia. Lo spirito ribelle e disperato della Perestrojka di Gorbačëv aveva sconvolto la storica gerarchia del protocollo bolscevico, e proprio il capo della Ddr, insieme con il dittatore romeno e il segretario cecoslovacco Jakeš, guidava il fronte ortodosso dei conservatori, nemici del nuovo corso del Cremlino e contrari alle riforme.

Brindisi, stucchi, specchi, e una nuova diffidenza comunista, fra le tende rosse e il ritratto di Lenin che li osservava dall'alto, probabilmente inquieto. In quelle stesse ore, infatti, il presidente americano George Bush stava sbarcando dall'*Air Force One* a Varsavia, per una visita che sembrava ribaltare il mondo, come testimoniavano le cento Volvo 740 che invece delle Volga sovietiche trasportarono in corteo l'ospite americano fino a piazza della Vittoria, insieme con il suo seguito e la sua benedizione prudente e nello stesso tempo eversiva, che rimbalzava in diretta dalle radio di tutti i taxi della città: "Non voglio creare problemi, voglio solo incoraggiare la vostra lotta per la libertà. Qui in Polonia cominciò la Guerra fredda, qui finirà. Eravate il focolaio delle tensioni, siete il veicolo della speranza".

Come se si fosse caricato sulle spalle tutto il peso del travaglio dell'Est comunista, Honecker crollò nella notte per un malore improvviso, nella dacia del partito che lo ospitava, in un legame involontario tra il corpo mistico del comunismo, chiuso nell'involucro sacro dei rituali ortodossi, e il corpo fisico del segretario generale, piegato sotto l'urto di uno choc universale. Ceauşescu, ipocondriaco con problemi di diabete, fegato e prostata, dunque spaventato dalle emergenze mediche, voleva farlo ricoverare subito a Bucarest, nella clinica della nomenklatura. Ma lui diffidava dell'efficienza sanitaria di un Paese al collasso, temeva le frequenti interruzioni dell'elettricità e preferì partire per Berlino Est, lasciando vuota la sedia della Ddr nell'ultimo incontro del Patto e spezzando così l'iconografia ufficiale, già tormentata dall'ordine tassativo ai fotografi della moglie del Conducator, Elena, di non riprenderla mai di profilo.

Quel *Tupolev 154* presidenziale ufficialmente riportava in patria una crisi biliare e una leadership intoccabile, ma in realtà consegnava la Ddr all'inizio della sua fine. Honecker fu operato due volte alla cistifellea, e i chirurghi durante l'intervento scoprirono il segreto di Stato di un tumore al colon del segretario generale, che salirà poi al fegato, lo terrà fuori dalle stanze del potere per settimane, lo indebolirà nei giorni decisivi prima della caduta del Muro, lo salverà dalla galera nel processo dopo la riunificazione, per ucciderlo infine nell'esilio cileno, quando la Ddr era ormai morta da quattro anni, per sempre.

Naturalmente il Paese non seppe mai nulla. Nella Ddr il potere era onnipresente ma extracorporale, dunque inarrivabile, intangibile. Viveva in una dimensione separata, con cibi diversi, case riservate, medicine fuori mercato. Come se il sistema dovesse nutrire una specie particolare, crescere una progenie d'eccellenza, curare una stirpe dinastica: la razza eterna, come la chiamavano in Unione Sovietica. Un potere incombente ma lontano, separato, quasi misterico, senza relazioni dirette con il popolo, che perpetuava la sua autorità nel controllo, non nel consenso. Contava la mistica di sé che proiettava sulla nazione, la continua allegoria di un comando indiscutibile perché fondato su ragioni immateriali, che sconfinano nella fede e si alimentano in un rito sacro, se non religioso certamente liturgico, pretendendo obbedienza e osservanza. Con i suoi dieci comandamenti per la morale socialista, dettati da Ulbricht nel 1958: "Impegnati senza tregua per la solidarietà internazionale dei lavoratori e per l'indissolubile alleanza di tutti i Paesi socialisti", "Ama la tua patria e difendi la potenza degli operai e dei contadini", "Opera contro lo sfruttamento dell'uomo sull'uomo", "Compi le tue buone azioni per il socialismo", "Rispetta il collettivo e accogli le sue critiche", "Proteggi la proprietà popolare", "Sii parsimonioso, seguendo la disciplina socialista", "Educa i tuoi figli nello spirito della pace e del socialismo", "Sii onesto e rispetta la tua famiglia", "Sii solidale con i popoli che combattono per la loro liberazione".

Il risultato è un modello sociale che trasfigura l'ideologia nella forma-Paese, una creatura politica da laboratorio, un esperimento che ha la sua formula minacciosa e misteriosa nelle misure di altezza, profondità e lunghezza del Muro: la moderna pietra in cui il leader della Ddr scolpisce le tavole della legge, mentre annuncia (sempre nel 1958) che supererà in benessere l'altra Germania. Ma le cifre parlano chiaro: il Pil tedesco-orientale è fermo a 230 milioni di marchi, quello occidentale arriva a 2236; il reddito pro capite è di 36.200 marchi a Ovest, meno della metà – 14.200 – a Est; 97 famiglie su cento hanno l'auto nella Repubblica Federale, solo 52 nella Repubblica Democratica; le televisioni a colori sono presenti nel 96 per cento delle case nella Germania di Bonn, nel 53 nella Germania comunista, mentre i telefoni che in Occidente collegano il 98 per cento delle famiglie tedesche raggiungono appena il 9 per cento delle abitazioni familiari dell'Est. Dove invece abbondano le cabine telefoniche sulle strade, tutte controllate dalla Stasi. Così come sono numerati e sottoposti a licenza, con una cifra identificativa per essere rintracciabili, i ciclostili, le poche fotocopiatrici, le macchine da scrivere Mercedes col carrello lunghissimo, le Continental massicce, le Optima verdi, a cui la polizia segreta era in grado di risalire da un semplice foglio dattiloscritto, secondo la leggenda impaurita di un Paese controllato da se stesso giorno e notte. Con brigate notturne di ragazzini che salivano sui tetti per deviare le antenne televisive puntate verso ovest, bloccando l'eresia occidentale che rischiava di viaggiare nell'etere.

Nei *Plattenbauten*, quei palazzoni a cortili concentrici come scatole quadrate, gli affitti erano molto bassi (60 marchi orientali in media), il diritto alla casa era garantito, ma il 20 per cento delle abitazioni aveva i servizi igienici in comune, al piano, e solo il 2 per cento poteva accendere un riscaldamento centralizzato. Se si apriva la porta, si entrava nel modulo di vita standard tedesco-orientale, che prevedeva il tinello, con il linoleum grigio, verde, marrone o la moquette blu, la libreria a muro con quattro scaffali e la vetrina con i vasi di ceramica Veb Strehla, un orologio da parete metallico, la grande radio Stradivari con nove tasti, la televisione sovietica Mezon fabbricata a Leningrado, la macchina da cucire Veritas col piedistallo marrone, il giradischi portatile a valigetta con i dischi Amiga: *Parlez-moi d'amour* di Juliette Gréco nel '60, i canti di montagna nel '61, le canzoni country di Dean Reed nel '70, la *Melniker Polka* nel '76, col trombone giallo gigantesco in copertina. In cucina il servizio da tè in porcellana di Weimar, i thermos arancioni e scozzesi, il macinacaffè elettrico Swm, il ventilatore con treppiedi, l'aspirapolvere Omega col lungo braccio rigido. In bagno il rossetto Deluxe, la colonia Florena, la cipria Action, il bottiglione viola di shampoo Zit, i sali profumati Fichtensekt, col profilo disegnato di un nudo di donna, seduta sul bordo della vasca, in chiaroscuro.

Poi si spalanca la stanza dei bambini ed ecco il gioco da tavolo *Felice passeggiata*, dove bisogna correre con i dadi e i segnaposto nel verde di un accampamento di giovani Pionieri, fra tende, canoe, ponti, alberi e fiori. Quindi il mondo delle bambole (alte 22, 34, 42 e 53 centimetri) guidate dalla Pioniera col fazzoletto rosso d'ordinanza, il berretto e i calzoncini blu, insieme con la Contadina, con la giovane Ufficiale dell'esercito in divisa grigioverde senza armi, e con le due Biggi bianca e nera popolarissime, come Sandmann, l'omino della polvere d'oro col cappuccio rosso e il pizzo biondo, famoso per portare il sonno negli occhi dei bambini. Per i ragazzi, set di esperimenti scientifici ed elettrici, il piccolo chimico dell'Est, un Meccano in trentadue pezzi, una stazione di servizio che vende benzina super Minol, un palazzo da costruire sul modello dei casermoni, nove piani più il terrazzo e i balconi colorati, un accampamento di sette indiani pellerossa con tre totem, mentre attaccano quattro cowboy con il lazo, e il capo cavalca un bisonte pronto a caricare, a testa bassa.

È un Paese che non c'è più, come un continente sommerso. Ma da quegli oggetti emana un vecchio fluido orientale, come se avessero imprigionato nella loro fissità d'antiquariato comunista un modo di vivere, e oggi – guardandoli fuori dal loro mondo e mutilati di ogni contesto, isolati e incongrui come reperti di un naufragio – fossero comunque capaci di restituire un'atmosfera, un ambiente, un clima fatto di colori spenti, materiali poveri, serialità basiche: e tuttavia coerente, omogeneo, cifra dell'epoca con quelle mezze tinte sbadite e sconnesse, malinconiche perché subito vecchie, di cui parla Brodskij per l'universo sovietico. Oggetti che sono metaforici di un mondo, perché da soli, nella loro vita fuori corso, restituiscono l'idea dell'insieme. Come il disegno azzurro di Marx coi capelli lunghi e bianchi sui vecchi 100 marchi, o Engels in rosso sul biglietto da 50. O come i vasetti di vetro di Tomatenketchup, le bottiglie con l'apparecchio di ferro per la chiusura a scatto della birra Bauer, il pacchetto bianco e rosso delle 20 sigarette Casino a

2 marchi, la limonata Kalifornia, l'insetticida Mux, l'etichetta triangolare della Vita Cola, i cartamodelli per i vestiti da donna, la macchina fotografica russa Zenit e la tedesca Praktica, il francobollo giallo e blu che celebra lo *Sputnik*. E naturalmente la Trabant. L'eterna 601 nel suo disegno squadrato ed elementare, quasi da bambino, con il motore a due tempi da motocicletta, le due porte, il carburatore a caduta, la carrozzeria di una specie di cartone pressato, come si diceva allora, in realtà un misto di fibre tessili e resine sintetiche che prendevano fuoco facilmente. Per i suoi quattro posti, più lo spazio di tre valigie di fianco alla ruota di scorta, si attendeva mediamente otto anni, che arrivavano facilmente a dieci per il modello familiare Universal, e a quattordici per la De luxe, in vendita anche col tetto di un altro colore rispetto alle vernici pastello di serie, suprema trasgressione. Come il sedile reclinabile del passeggero sulla "Limousine" Wartburg, "leggermente mobile, elegante, di buon gusto e di facile regolazione".

La coda era un'abitudine quotidiana, una fatica ricorrente, ma anche una conferma e un segnale. La prova della penuria alimentare, della *Mangelware*, i prodotti che scarseggiano, degli scaffali vuoti, della solita frase ripetuta dalle commesse: "*Ham wa nich*", non lo abbiamo. Ma era anche la spia che qualcosa all'improvviso era spuntato in un negozio, sul banco sotto il ritratto di Honecker, magari i mandarini, forse addirittura le banane per Natale, o le scarpette da ballo rosa per le bambine. Ci si metteva in coda semplicemente perché c'era la coda, senza sapere, con fiducia nell'istinto collettivo dell'attesa: se c'è la fila, allora vuol dire che qualcosa è arrivato, laggiù in fondo. Come se la coda fosse intelligente, rabdomantica, rivelatrice, perché sapeva dove trovare la marmellata di ciliegie, i cioccolatini Schaarschmidt, la lacca per capelli Rofra Spezial. Chi aveva soldi chiedeva alle commesse di tirar fuori da sotto il banco le *Bückwaren* (le merci di chi si china), cioè i prodotti imboscati perché rari e pregiati, dunque perfetti per il mercato nero. Un altro mercato parallelo era il baratto, oggetto per oggetto, prodotti di città scambiati con prodotti di campagna, come la cacciagione, qualche verdura che non fosse il cavolo, i polli. Così il contadino vendeva, comprava e tornava in campagna portando la novità verde della sveglia da tavolo ovale Wecker col pulsante nero, ultimo simbolo luccicante e sintetico del design comunista orientale.

Nel mondo del Bauhaus il sintetico prende irresistibilmente il potere a partire dal 1958, quando la plastica diventa la nuova estetica della Ddr. Con il socialismo dei polimeri arrivano i colori: attaccapanni verdi, teiere rosse, imbuti gialli, posate da frutta arcobaleno, portauova blu, bicchieri da giardino viola. Poi, rapidamente, la casa viene invasa dalla bachelite, dalla celluloide, dalle resine, dal nylon, in un piano statale della chimica che affida al poliestere il compito di sostituire le materie prime troppo costose, la lana, la seta, il cotone, la gomma, il vetro e l'acciaio, persino il legno, che resta però il rivestimento riverente delle stanze del comando, sul modello sovietico. La propaganda inventa la modernità del sintetico, la sua superiorità, la funzionalità, la praticità d'uso. Spuntano i primi spot televisivi, che trasformano la plastica nel materiale del futuro, protagonista di una rivoluzione del costume, traguardo estetico del regime, nuovo canone funzionalista della bellezza.

"*Plastik*." Come se fosse il composto chimico del socialismo, la pasta creatrice capace di dare forma e colore all'ideologia, reificandola nella vita quotidiana, il poliuretano, il Pvc, il Moplen occupano l'immaginario collettivo e l'appartamento familiare. I vestiti di poliestere nell'armadio, con le camicie di DeDeRon, il tessuto sintetico che usurpava addirittura le iniziali della Ddr, la macchina per caffè Plus in cucina, il phon Efbe in bagno, la fòrmica sulla scrivania dei ragazzi, fino al trionfo plastico del tinello: il linoleum opaco, gli sgabelli col sedile colorato imbottito, la sedia-uovo del 1971, la lampada a boccia rotante, la poltrona "Spaghetti Acapulco", con trenta strisce doppie di plastica sullo schienale e trentacinque nella seduta.

Poi c'erano i libri, con le novità che nelle città finivano presto ma si ammassavano nelle cartolerie di paese e insieme con i classici formavano una imperscrutabile biblioteca del socialismo dalla selezione assolutamente discrezionale, perché non guidata dal mercato, dunque arbitraria, quindi ideologica. Collane in nero come la "Spektrum", che proponeva a sorpresa Carver e Malamud, Pynchon. Prezzi bassi come il marco e mezzo delle edizioni Reclam con Onetti, Camus, Singer. Copertine bianche per le poesie di Pound, Ungaretti, Enzensberger, Auden, Tarkovskij, Neruda. E naturalmente Blok e Dostoevskij, Babel', Erenburg, e a cinquanta Pfennig i volumetti di Musil, Pavese, Mandel'štam, Rilke, mentre mancava Proust.

I libri facevano parte dell'ossessione del partito-Stato per il tempo libero, uno spazio da non lasciare vuoto in balia degli individui, ma da organizzare, controllare e riempire pedagogicamente, lanciando un contro-rock che i ragazzi ignorarono, sdoganando il twist dopo mesi di polemiche antioccidentali e dopo il naufragio del ballo inventato dal regime, il Lipsi, fino alla denuncia di Honecker degli "influssi pericolosi" dei programmi radio-televisivi occidentali, che veicolavano "l'immoralità e la decadenza americana", con uno stile di vita "estraneo al socialismo". Molto meglio il teatro di Stato sorvegliato a vista (nella stagione '89 al Berliner Ensemble c'è *Madre coraggio*, ma in cartellone non manca *La morte di Lenin*), meglio il circo Busch con tigri, elefanti, trapezisti e acrobati senza rete e senza tentazioni occidentali.

Meglio l'attività fisica, la ginnastica, lo sport, che attraverso un gigantesco doping di Stato porterà la Ddr tra le grandi potenze, in vetta alle Olimpiadi di Montréal del 1976, con 40 medaglie d'oro contro le 49 dell'Urss, le 34 degli Stati Uniti, le 10 della Germania Ovest. L'unica atleta che ha "restituito" il record mondiale è Ines Geipel, che nel 1984 ha corso la staffetta 4×100 in 42,20 secondi, e nessuno c'è più riuscito dopo di lei. Oggi ha cinquantanove anni, fa la scrittrice, al posto del suo nome sull'albo del record ha voluto un asterisco, per denunciare un "crimine di Stato". "Ci dicevano che dovevamo essere meglio dei russi, degli americani, di tutti," racconta, "e noi correvamo, viaggiavamo, ci sentivamo privilegiati, vedevamo il mondo. Eravamo giovani. Ma non sapevamo che dal 1974 era stato approvato un piano segreto per stabilire che tutti gli atleti di ogni disciplina venissero dopati con ormoni sessuali maschili. Certo, le pastiglie giravano da mattina a sera, le dovevamo prendere tutti, ma non immaginavamo quanto fossero pericolose quelle sostanze, ci dicevano che erano vitamine. Eravamo all'oscuro, si è cercato di evitare qualsiasi consapevolezza in ogni atleta, in modo che non capissimo nulla." Risultato: "Quattordicimila atleti dal '74 all'89 sono stati costretti a doparsi. Abbiamo centinaia di morti, moltissimi bambini malati. Il processo, dopo la caduta del regime, ha coinvolto più di duemila persone, 1300 vittime hanno chiesto un risarcimento: atleti distrutti per sempre". Il doping di Stato come risorsa politica, il record come supremazia, uomini e donne ridotti a strumento, lo sport stravolto dall'ideologia, nel Paese delle vittorie e delle medaglie, con gli atleti miracolosi nei loro corpi come macchine costruite in laboratorio, perfetti per oggi, condannati domani.

Il culto del corpo si accompagnava a una libertà sessuale che cresceva dall'inizio dell'era di Honecker, negli anni settanta. Nel Paese del nudismo, con quaranta spiagge ufficiali per naturisti, l'aborto diventò legale nel 1972, i divorzi – velocissimi – arrivavano a 40.000 all'anno, la pillola era consigliata. Il partito, prima preoccupato di controllare ogni trasgressione, appoggiò l'amore libero, il sesso prematrimoniale, l'educazione sessuale organizzata dal Museo d'igiene di Dresda, la contraccezione con i preservativi venduti nelle città dai distributori automatici rettangolari Silver Mondos, verdi. Nei laboratori si studiava la differenza dei tassi di orgasmo tra gli studenti delle due Berlino, una ricerca sosteneva, dati alla mano, che le donne della Ddr avevano addirittura un numero doppio di orgasmi rispetto alle tedesche dell'Ovest. Pornografia e prostituzione erano ufficialmente proibite, anche se le prostitute spuntavano regolarmente nella hall degli alberghi in valuta, per occidentali. Ma con gli anni ottanta arrivarono i primi film erotici, visionati dalle autorità per il nulla-osta d'uscita, gli spogliarelli tirolesi, le diapositive col nudo, le riviste sexy come "Das Magazin", che tra le immagini nude ospitava la rubrica della posta del dottor Schnabl, coi suoi consigli sul sesso felice, anche senza amore.

I film erotici occidentali arrivavano soltanto per "Volvograd", come la gente chiamava la cittadella murata della nomenklatura nei boschi di Wandlitz, per il parco auto occidentali a sua disposizione. Congedando l'operatore nella saletta cinematografica, Honecker e la moglie Margot guardavano la sera *Emmanuelle* in cassetta e completavano la trasgressione proiettando il film sovietico *La commissaria* di Aleksandr Askol'dov, applaudito a Mosca e vietato nella Ddr perché politicamente eretico, mentre facevano arrivare tutti i film di James Bond appena usciti. Tre volte la settimana il segretario generale andava a caccia nella riserva del partito, sparando ai cinghiali e ai cervi (se lui sbagliava il colpo qualcuno del seguito completava l'operazione) e puntando gli alci che l'Urss aveva donato, facendoli arrivare dalla Siberia. D'estate, il leader e la corte si trasferivano in Crimea, sul mare, si curavano con il Gerovital romeno della dottoressa Aslan, si iniettavano siero di pecora. Un dragamine riverniciato di bianco, ribattezzato *Ostseeland*, trasformato in yacht di Stato, li aspettava ormeggiato a Warnemünde, sul Mar Baltico, con le sue sedici cabine con cinque suite, la carta igienica occidentale. Ma Honecker non saliva a bordo volentieri, soffriva il mal di mare, era un comunista di terra.

Nel mondo reale e parallelo la Ddr viveva intanto la sua quotidianità faticosa, testimoniata sui giornali di regime ("Neues Deutschland" e "Berliner Zeitung") dagli annunci economici: cerco vestito da sposa usato, vecchi treni Marklin per bambini, lp di musica rock occidentale, una Golf di seconda mano, anche vecchia, un tappeto per il salotto per favore di due metri per tre; affitto un camper in cambio di una minidacia sul Baltico per le vacanze; scrivo a macchina velocissima, accetto impiego da segretaria; riparo i termosifoni, pulisco le finestre; offro pezzi di ricambio Trabant per una tv a colori; giurista diplomato cerca lavoro e un appartamento di due camere; scambio vasca da bagno beige valore 500 marchi con vasca rosa antico; chiedo notizie del mio gatto bianco e nero, castrato, scomparso dall'inizio di dicembre; vendo chihuahua ben tenuto, vaccinato e con le carte in regola; offro un divano imperiale e due poltrone di velluto verde in cambio di materiale da parquet per 60 metri quadrati. Poi gli annunci personali: "Cerco una partner spiritosa e dolce per me, donna berlinese di 32 anni, e per la mia piccola figlia"; "Vorrei amare un uomo intelligente per una relazione di cuore, ho 52 anni, 1 metro e 68, magra, sportiva, mi piacciono giardinaggio, sport e musica"; "Chi porrà fine al mio caos? Padre e figlio, 37 e 14 anni, hanno bisogno di una presenza femminile a casa. Se hai un figlio va bene"; "Cerco la mia regina, creativa e consapevole, per condividere tutto, ho 32 anni, 80 chili, gradita foto"; "Giovane donna 26, sfacciata, amorosa e piena di gioia di vivere, cerca lui: porto gli occhiali".

Erano messaggi in bottiglia, nel mare comunista circondato dal Muro. Segnali da una vita minima, che cercava di ritagliarsi i suoi piccoli spazi di autonomia e di espressione dentro la gigantografia del sistema costruito per provvedere a tutto, e tutto trasformare in missione. Come diceva l'inno nazionale, "piegheremo il nemico del popolo / sconfiggeremo l'antica miseria / areremo e costruiremo / e faremo sì che il sole / più bello che mai / splenda sulla Germania". Ma intanto, "mi chiamo Dietrich, cerco gonna in cuoio 40-42, telefonare 3663056: qualcuno può aiutarmi?".

8.

La grande fuga

Berlino, agosto 1989

Prima qualcuno abbassò le tendine, in modo che non si potesse più guardare dentro. Poi, a mezzogiorno di mercoledì 9 agosto, l'usciere della piccola palazzina nel centro di Berlino Est, Hannoversche Straße 28-30, scese in strada, chiuse i due battenti della porta e sbarrò l'ingresso della rappresentanza diplomatica della Germania Occidentale aperta nel cuore comunista della Ddr. Era un tentativo di isolare la crisi, sequestrandola per non farla esplodere. Dentro, nel salone al pianterreno dove si tenevano i ricevimenti, e anche nei due uffici vicini, erano accampate da giorni decine di famiglie tedesco-orientali, che si erano consegnate all'avamposto diplomatico di Bonn chiedendo aiuto per scappare, raggiungere l'Occidente. Lunedì, all'improvviso, erano arrivati in 130, adesso erano 160. Uomini soli, con un fagotto, ragazzi con la fidanzata e due zaini, gruppi con padre, madre, bambini con i quaderni di scuola e anche il nonno. Erano usciti di casa alla spicciolata, come per una gita o fingendo di dover fare la spesa, al braccio la borsa del "non si sa mai" che di solito serviva a raccogliere quel poco che si trovava nei negozi, e oggi invece nascondeva vestiti, biancheria, maglie e camicie per l'avventura.

Perché un tamtam sotterraneo, ostinato e ribelle li aveva avvertiti, tutti, che forse si poteva provare a fuggire, ma passando per la prima volta attraverso la porta ufficiale dell'altra Germania, nemica.

È una rivoluzione impensabile. Qualcosa di sconosciuto, impalpabile eppure chiarissimo attraversa l'aria di Berlino Est e infonde coraggio, dà speranza, scuote la rassegnazione. Voci, segnali, impressioni. Si dice che altri cento turisti della Ddr siano penetrati nell'ambasciata tedesco-occidentale in Ungheria, ventitré in quella di Praga, cinque a Varsavia, e tutti chiedono di andarsene, di non tornare indietro. Ma è qui a Berlino lo scandalo. Nel mezzo della città murata, castello e simbolo di tutta la Ddr, l'istinto di libertà ha portato quaranta famiglie a cercare la via di fuga proprio nel palazzo dell'altra Germania, sede del nemico e accesso all'Occidente in mezzo all'universo comunista: come se fosse il cancello attraverso cui si entra in un'altra dimensione, il varco politico della fantascienza.

Quel passo aveva dovuto aspettare ventotto anni. Di colpo era diventato semplice l'impossibile, avvicinarsi a quell'indirizzo sotto gli occhi di un Paese intero, spingere la porta ed entrare, una volta per tutte. Ma per riuscirci si era dovuta spostare tutta l'inerzia della paura cresciuta nel dopoguerra, era stato necessario superare il grande interdetto della Guerra fredda, che sovrastava il Muro avviluppandolo, anzi giustificandolo. Un cumulo di azzardi disordinati ma univoci spingeva ormai da mesi contro quella porta, insieme con scricchiolii e cedimenti imprevisti nel centro e nella periferia del reame dell'Est, costruito per durare per sempre.

L'impero traballava, man mano che il coraggio della popolazione incredula cresceva, e la debolezza del potere sembrava trasferirle il coraggio dell'inaudito, grazie alla potenza rivelatrice dello straordinario quotidiano che assediava Mosca e Leningrado: quel Solženicyn ad esempio, il grande eretico, che appare per la prima volta alla televisione sovietica, intervistato per un'ora; quel professor Oleg Adrianov, direttore dell'Istituto per lo studio del cervello, che sonda la materia cerebrale di Lenin e di Stalin, cercando la radice del pensiero comunista e della tirannia, profanandoli scientificamente; quello sconosciuto che chiede 5 miliardi a Gorbačëv perché ha trovato in un baule duemila obbligazioni del periodo zarista, e vuole che vengano onorate adesso; quel viceministro licenziato a Mosca dopo la vergogna di una coda lunga un intero isolato di via Kuzneckij Most per trovare il sapone che manca in tutta l'Urss, così come mancano ben 380 milioni di profilattici dei 600 milioni che il piano quinquennale, magnanimo, inutilmente prevedeva.

Per finire con la famosa attrice Natalya Negoda che appare seminuda su "Playboy", con gli occhiali sulla punta del naso e in mano una copia della "Literaturnaja Gazeta": e a questo punto si capisce come nel disgregarsi del presente comunista e nell'incertezza del futuro cresca l'irrazionale e proliferi il paranormale, con guaritori e santoni, i dischi volanti che sbarcano creature senza testa nel villaggio di Charovsk, la donna che vola a Minsk, il gatto che parla a Baku, i *Domovoye*, vecchi spiriti dispettosi e fedeli tornati nelle case a spostare gli oggetti sussurrando nei comignoli, le auto che partono da sole lungo il fiume Ghek-Ghek risalendo la collina e il buonsenso e trasmettendo fin qui, a Berlino, il segnale che la forza di gravità sovietica si stava esaurendo ed era possibile osare, e provare a sfidarla per andarsene.

Si poteva dunque fuggire così, dopo tre decenni in cui il Muro aveva trasformato la topografia in ideologia, cementando l'orizzonte e aprendo un fronte in mezzo alla città divisa? Era il velo dell'incubo che si sollevava. Per ventotto anni la fuga era stata l'ossessione nascosta, inconfessabile, folle nei suoi progetti surreali e nei suoi strumenti poveri, contrapposti alla follia titanica e monumentale del Muro. Bisogna sempre ricordare che quando la grande barriera calò a imprigionare la capitale, bloccò uno scambio vitale, naturale, spontaneo: la frontiera tra le due mezze città veniva attraversata quotidianamente da 500.000 berlinesi, in 81 varchi di transito. Di colpo tutto questo è saltato. Col Muro, 53.000 abitanti dell'Est devono rinunciare al loro impiego e al contratto di lavoro a Berlino Ovest, come non possono più proseguire gli studi oltre frontiera 1100 scolari della scuola primaria e 530 studenti.

Il sentimento è quello della prigione: impediti, ingabbiati, sequestrati. Come in galera, si guarda il cielo, l'acqua, il sottosuolo e si fantastica la fuga. Qualcuno non aveva nemmeno avuto il tempo di pensarci, perché abbacinato dal Muro che cresceva in quella notte tra il sabato e la domenica 13 agosto 1961, era riuscito a scappare prima di essere inghiottito definitivamente dal Paese del filo spinato. Nelle prime due notti fuggirono in sessantanove, mentre i Vopos correvano in Bernauer Straße, dove la gente si gettava dai tetti con i materassi, tentava di calarsi dalle finestre che la polizia murava, scendeva dagli ultimi piani appesa alle corde per stendere la biancheria.

I primi spari arrivarono quando il Muro aveva appena un giorno, il lunedì, contro un ragazzo e una ragazza che si erano gettati nel canale ed erano riusciti a raggiungere comunque l'Ovest. Dieci giorni dopo il sarto Günter Litfin che si era calato in acqua di notte nel Porto di Humboldt per raggiungere a nuoto la riva occidentale, fu colpito dal proiettile di una guardia quando aveva già compiuto metà della traversata, e fu ripescato cadavere. Dunque si poteva morire, i proiettili dovevano entrare nel conto, il calcolo diventava estremo, radicale. Scappare comportava il rischio di una fucilata, la fuga metteva in palio la vita, in ballottaggio con la libertà. Eppure nel primo mese 418 persone tentarono di andarsene, e riuscirono a varcare il Muro.

Nel primo anno, le guardie di frontiera spararono 358 volte. L'operaio Werner Probst di ventisei anni fu colpito da sventagliate di mitra al cuore, alla testa e ai polmoni a metà ottobre, dopo che era saltato nel canale della Sprea; Axel Brückner fu ucciso all'inizio dell'autunno perché scappava a piedi; a dicembre un battello della dogana arpionò con sei uncini Ingo Krüger, che a ventidue anni cercava di attraversare il canale dentro uno scafandro; prima di Natale Dieter Wohlfahrt, un ragazzo austriaco di ventun anni, fu ferito a morte mentre tagliava il filo spinato a Staaken, per far fuggire una cugina a Ovest.

Bisogna aggiungere i morti senza nome, sconosciuti, e gli annegati nella fuga come Erna Kelm, infermiera di cinquantatré anni che si era nascosta i documenti nella cintura, o come l'elettricista Philipp Held, diciannovenne, che non riuscì ad attraversare la Sprea. E i suicidi del Muro come Ida Zehnter di ottantun anni, che il 29 settembre '61 si era uccisa in casa col gas da illuminazione, dopo il divieto di trasferirsi a Berlino Ovest dalla figlia e dai nipoti, lasciando scritta l'ultima richiesta come una maledizione: seppellitemi ovunque, ma non nella terra della Ddr.

Le notizie di morte, però, non fermano l'avventura della grande evasione, il racconto popolare delle fughe riuscite, a partire dal 23 agosto '61, con tredici persone che evadono dalla zona sovietica attraverso la fognatura che porta a Berlino Ovest, non ancora sigillata dalla polizia, e riemergono fasciate da ragnatele ma libere. La notte senza luna del 9 settembre, un sabato, il Muro ha quasi un mese di vita quando una coppia di Potsdam riesce ad attraversare a nuoto il fiume Havel, trascinando con sé il figlio di diciotto mesi in una piccola scatola di metallo impermeabile legata a una corda. Otto giorni dopo tre uomini sfondano lo sbarramento davanti al numero 68 di Bouchéstraße con un camion postale di 6 tonnellate e mezza, e sbucano a Ovest dopo lo schianto che apre un varco nel Muro ma più ancora nell'immaginario sovraeccitato del Paese.

C'è chi sega il reticolato alla stazione merci di Schönholz, scappando con quattro bambini, chi fugge nel giorno dell'anniversario della Rivoluzione d'Ottobre seguendo un convoglio militare e issando mazzi di fiori sul tetto, come se volesse raggiungere il monumento dei caduti sovietici, ingannando ideologicamente le guardie. Una ragazza di diciannove anni arriva a Ovest nascosta nel cofano dell'auto del fidanzato, nonostante la sparatoria alla frontiera e i sei buchi dei proiettili nella carrozzeria. Un ingegnere di trentatré anni passa il punto di controllo sulla Friedrichstraße con un'uniforme americana, noleggiata in un negozio di costumi. Un'auto privata con due uomini e tre donne sfonda la barriera all'incrocio della Chausseestraße con la Liesenstraße e resiste all'assalto dei Vopos che sparano quasi cento colpi, perché è corazzata con placche di acciaio e di cemento armato: il cemento contro il cemento. Ma anche l'alcol, quando è il caso. L'8 giugno del '62 un gruppo di cinque donne e otto uomini ubriaca il comandante del battello *Friedrich Wolf* e il meccanico di bordo, li rinchiude ciondolanti nella cabina blindandola con lastre di ferro e riesce ad arrivare a Ovest, fino allo sbocco del Landwehrkanal.

Quelli del primo anno del Muro sono i racconti a bassa voce dell'incredulità e della disperazione. Scappano soprattutto i giovani, che hanno la vita davanti e se la trovano spezzata, ostruita. Ma scappano anche i vecchi, che hanno provato a vivere senza i figli e i nipoti e non ci riescono, come quella donna presa a bastonate dalle guardie di frontiera il 4 settembre del '61, perché faceva segnali sospetti alla figlia di là dal Muro.

È una ribellione individuale, sorda e silenziosa, maturata in segreto, nata nell'oppressione, organizzata nell'ossessione, decisa nell'angoscia. La polizia reagisce con 3041 arresti in quattro mesi, e più della metà riguardano cittadini che avevano tentato di fuggire a piedi. È un dato impressionante, forse più di ogni altro numero, anche di quello dei morti: racconta un esercito invisibile di uomini e donne che non si conoscono e marciano nel buio per scalare a mani nude quel muro illuminato dai riflettori, come la scena universale dello scontro metafisico tra l'arbitrio e la libertà, tra i sudditi e il potere, tra la discrezionalità sovrana e l'ostinazione individuale, che non si rassegna nemmeno davanti all'enormità di un divieto calcificato per sempre nel Muro.

Proprio la sproporzione immane delle forze e la tensione irresistibile verso la libertà smuovono l'Occidente, dove nascono gruppi di studenti e organizzazioni a sostegno delle fughe, che falsificano passaporti, mandano materiali a Est, muovono corrieri, costruiscono reti, vigilano sui contatti. E scavano tunnel. Il primo a provarci (dopo una galleria che parte dal cimitero di Pankow, nascosta sotto una tomba, con una lapide che maschera l'ingresso) è Harry Seidel, corridore ciclista della Ddr che è fuggito a Berlino Ovest per evitare di essere imbottito di steroidi.

Harry collabora coi tre fratelli Becker che scavano la galleria partendo dalla cantina di casa, riescono a passare sotto il Muro e in nove giorni sbucano a Ovest liberando attraverso il tunnel ventotto persone, tra cui diciotto donne. Adesso Seidel vuole partire da ovest, scavando verso est, in un punto in cui bastano venticinque metri di galleria sottoterra per beffare il Muro, i Vopos e il regime. Affiorano in un seminterrato di Berlino Est, organizzano i fuggitivi, portano in Occidente decine di persone, che vedono le luci dell'Ovest spuntando dal numero 35 di Heidelberger Straße, prima che la Stasi intervenga sparando sottoterra.

I tunnel saranno più di trenta, contando gli spezzoni si arriva a settantacinque. Si scava nella terra sabbiosa, friabile, argillosa, che dev'essere inumidita, ma qualche volta è proprio la falda acquifera alta a creare problemi, bisogna organizzare una catena umana con recipienti di latta per portare fuori l'acqua orientale e versarla in Occidente, mentre col legno si fortifica il tunnel perché non ceda. Si scava sotto i piedi della polizia, sotto il naso sospettoso e i denti aguzzi dei cani di frontiera, facendo i conti con la rotta al buio, sperando di centrare il bersaglio. La galleria più lunga è la numero 57, viaggia per i 145 metri che uniscono il numero 97 di Bernauer Straße a Berlino Ovest con il 55 di Strelitzer Straße nella città orientale, a una profondità di dodici metri sotto le fondamenta del Muro.

I giornali tedesco-occidentali finanziano gli scavi in cambio delle fotografie e dei reportage sull'avventura, le televisioni americane mandano le troupe con le lampade, vogliono i filmati, in una specie d'anticipo dei reality. È la Nbc ad aiutare economicamente due studenti italiani, Domenico Sesta e Luigi Spina, che decidono di scavare un tunnel di 120 metri partendo dal cortile di una fabbrica abbandonata all'Ovest, al 78 di Bernauer Straße, dove fingono di riunire ogni giorno una band musicale per le prove. Hanno bisogno di un elettricista, dev'essere fidato, e si fa avanti un loro compagno di università, Joachim Rudolph, che non è un esperto ma ha le carte in regola: è scappato a nuoto da Berlino Est, rischiando le mitragliate dei Vopos perché scendendo in acqua di notte ha fatto alzare in volo starnazzando quindici oche selvatiche, e adesso è pronto a ritornare di là sottoterra, per aiutare un compagno di studi, Peter Schmidt, che è rimasto intrappolato con la famiglia nella Ddr, e i suoi amici.

Trent'anni dopo, come se dovesse ancora cospirare, mi dà appuntamento alle sei del mattino nel punto dove aveva cominciato a scavare. "Lo scavo, in realtà, era solo una parte del nostro lavoro," racconta, "fatto non soltanto di pale e picconi ma di carrucole, argani, piccole rotaie, un carrello, tubi da stufa per l'aria, carriole, più due telefoni militari a manovella per comunicare sottovoce a distanza man mano che la galleria si allungava. Centoventi metri, di cui novanta sotto la Ddr: una follia. Ma avevamo l'incoscienza dell'età, era un tunnel di studenti, c'era chi aveva fatto Ingegneria meccanica, chi edile, io avevo studiato Elettrotecnica. Ognuno affrontava un problema, e trovava la soluzione. Tutti insieme abbiamo imparato a lavorare il legno, a conoscere l'argilla, a costruire le strutture di sostegno per evitare i crolli, a pompare l'acqua che filtrava ogni giorno di più, a scambiarci i turni, a sorvegliarci l'un l'altro per evitare tradimenti.

"Mentre eravamo lì sotto, fuori, a poca distanza, le guardie di frontiera ammazzarono Peter Fechter, che rimase un'ora e mezza agonizzante nella zona di nessuno, fino a morire dissanguato. Uno scandalo enorme, che aumentò la nostra rabbia e la convinzione in ciò che stavamo facendo. Avevamo appeso al legno di supporto del tunnel una grande fotografia di Peter a terra, morente. Quando uno di noi era stanco, o giù di morale, io gliela mostravo col dito: guarda la foto, andiamo avanti."

La follia aveva un punto d'arrivo preciso, la cantina di un palazzo al numero 7 di Schönholzer Straße nell'Est. Un mese prima, durante una festa, Joachim e i due italiani erano scesi laggiù a prendere qualche bottiglia di vino col padrone di casa, e poco dopo si erano fatti lo stampo della chiave su una saponetta. Adesso si trattava di centrare il bersaglio da cui riemergere dopo 120 metri passati curvi nel tunnel, cercando nel buio la cantina come unica uscita di sicurezza nel territorio nemico. Joachim mi ha guidato sul posto. "Proprio qui," ricorda, "ho avuto paura. Trovammo la parete, capivamo di essere arrivati: ma dove? Era la cantina che cercavamo? Toccava a me infilarmi una tuta blu da elettricista, aprire la porta, uscire e verificare se avevamo raggiunto l'obiettivo o ci eravamo sbagliati. Ricordo che sbucai qui sulla strada, e per prima cosa vidi le guardie a 150 metri. Vertigine. Ero in mezzo a Berlino Est, da dove ero fuggito solo due mesi prima. Poi mi voltai, e sul Muro comparve quel numero magico: 7. Ce l'avevamo fatta."

Scattarono i segnali: la porta del palazzo finalmente aperta, quindi un lenzuolo a un balcone, poi un "corriere" che entra col giornale arrotolato nel bar dove aspetta il primo gruppo di fuggitivi, e ordina salsiccia senza patate e un'aranciata. Poco dopo gli studenti dentro la cantina vedono la maniglia che si abbassa, arrivano le famiglie in fuga, si abbracciano, si chinano attraverso la breccia ed entrano nel tunnel. Passano in 29, e dopo 120 metri usciranno all'Ovest davanti alle telecamere che li inquadrano mentre festeggiano all'uscita con la Coca-Cola, prima che il tunnel si riempia d'acqua rivelando il suo segreto, a missione ormai compiuta.

Intanto Harry Seidel, il campione, viene tradito, scoperto, arrestato, condannato all'ergastolo per aver aiutato sessanta persone a fuggire attraverso i suoi sette tunnel. Joachim Rudolph nel 1967 sposerà Evelyne Schmidt, che aveva conosciuto proprio sottoterra, aiutandola a fuggire. E nel 2010, quando vedrà che il palazzo con la cantina della salvezza è in ristrutturazione, salirà di notte sul ponteggio con un cacciavite, smonterà la targa bianca con il numero 7 blu, e se lo porterà via per sempre: "Volevo evitare che quel numero sull'ingresso scomparisse, l'ho salvato".

Gli scavi riempirono il biennio '63-'64 con la loro epopea, rilanciata dai servizi fotografici scattati nelle gallerie, dai titoloni nei giornali americani, dall'eco a Berlino Ovest della beffa sotterranea organizzata a Est. Poi sui rifugiati scendeva il silenzio. Arrivati al campo profughi di Marienfelde, si mettevano in coda davanti all'ufficio numero 4 per l'interrogatorio di tre funzionari seduti dietro un tavolo. Aspettavano il benestare, la "Carta C" che assegnava lo status di profugo e apriva definitivamente le porte dell'Occidente. Per loro, scappati alle mitragliatrici dei Vopos, non è solo un cambio di Paese e di regime, bensì di dimensione e di condizione. Sono sempre tedeschi, ma con la loro fuga sono passati da un mondo all'altro varcando una linea che separa il prima dal dopo, e adesso non hanno più il Muro davanti come un incubo.

Poco alla volta, Berlino Ovest e la Germania di Bonn si abituano al Muro, e con Brandt l'Ostpolitik teorizzerà un modo per convivere col mostro, evitando gli spari, il sangue, i morti nel canale delle fughe. Ma la Realpolitik non cancella l'ansia di fuggire, per non aspettare, a costo di provarci con i metodi più assurdi che riescono a bucare la rigidità meccanica della sorveglianza militare comunista. Si vola sopra il Muro con un aerostato; lo si scavalca con una catapulta; lo si supera con una carrucola che scorre su un filo d'acciaio grazie a una freccia che dall'Est si è conficcata in un sottotetto dell'Ovest; lo si aggira ingannandolo al checkpoint ufficiale, travestendo per due ore i fuggitivi da ufficiali sovietici.

Prova ad avventurarsi in cielo Michael Schlosser, un meccanico che nell'83 assembla nella rimessa in campagna *Ikarus*, un aereo casalingo e monoposto col motore tuttofare della Trabant e le saldature in vista, una specie di bara rudimentale di latta e plastica cui è stata aggiunta un'elica verde e bianca: ma viene denunciato alla Stasi e imprigionato prima del decollo. Tenta con l'acqua del Baltico un aspirante ingegnere espulso dalla facoltà del Magdeburgo, Bernd Böttger, che nella cantina di casa a Sebnitz progetta e costruisce l'"Aquascooter", un apparecchio acquatico ricavato da una bicicletta di famiglia con motore a due tempi, cui aggiunge un'elica da barca, un serbatoio profondo e un tubo d'appoggio vuoto e leggero, di ferro. In muta, maschera e pinne entra nel mare di Graal-Müritz, si aggrappa al piccolo motore sottomarino e si fa trainare di notte fino al largo della Danimarca, dove una nave occidentale lo trae in salvo, insieme con la sua invenzione che dalla cantina di casa lo ha portato alla libertà.

Poi c'è l'ultimo tentativo di evasione dal sistema, due mesi prima che il Muro crolli. Mario Wächter ha ventiquattro anni all'inizio di settembre 1989, quando entra nell'acqua fredda del Baltico nel buio delle undici di sera, per arrivare a Ovest sulla spiaggia bianca di Travemünde, dove andavano in vacanza i Buddenbrook nel romanzo di Thomas Mann, tra i cestini a sdraio colorati. Si è allenato per mesi, ma all'alba sta ancora nuotando, lo fa da diciannove ore, ha già percorso trentotto chilometri, è stremato quando finalmente lo avvistano da bordo del *Peter Pan*, un traghetto che fa la spola tra la Germania Ovest e la Svezia. Il capitano cala il gommone che punta sull'uomo in mare, ma proprio in quel momento si avvicina la vedetta frontaliera della Ddr, insospettita dall'agitazione davanti alla costa.

Mario nuota tra la disperazione e la speranza, sa che rischia di essere ucciso o arrestato se le guardie si avvicinano a portata di fucile. Nuota come se trascinasse dietro di sé tutti i fuggitivi dei ventotto anni del Muro, tutti i piani assurdi di evasione, tutti i congegni inventati dalla febbre per la libertà. Poi il gommone arriva per primo, lo trae in salvo e lo sbarca sul ponte del *Peter Pan*, dove sviene appena dopo aver toccato il legno d'Occidente: concludendo così l'ultima fuga da quel Muro che voleva fermare anche le onde del mare.

9.

L'autunno delle spie

Berlino, settembre 1989

Aveva studiato a Bologna, aveva viaggiato da Caracas a Singapore, ma soprattutto aveva lavorato in Germania. Prima a Düsseldorf, poi a Berlino Ovest, quindi a Pankow, il cuore politico della Ddr a Berlino Est, leggendo dossier segreti, rapporti riservati, telex cifrati. E adesso era in poltrona al ristorante dell'Hotel Le Meurice, al 228 di rue de Rivoli, a Parigi. Felix Bloch diede un'occhiata veloce al menu, quasi che il cibo non lo interessasse. Appena seduto, aveva infilato sotto il tavolo una borsa nera, facendola sparire dietro la tovaglia, quasi non fosse adatta alla cena d'affari di un funzionario d'alto grado del dipartimento di Stato americano come lui, numero due dell'ambasciata a Vienna dal 1980 al 1987. Con un accendino truccato, due agenti della Direction de la surveillance du territoire, il controspionaggio francese, lo avevano già fotografato tre volte da un tavolo d'angolo, sotto uno dei quattro lampadari di cristallo, mentre pranzava conversando con un uomo alto con i capelli scuri e i baffi: si presentava come Pierre Bart, francese, oppure qualche volta come Reino Gikman, finlandese, ma in realtà era un agente del Kgb con sede stabile a Vienna, la capitale delle spie. Quando l'americano si alzò dopo aver guardato l'orologio, Pierre-Reino pagò il conto, poi si curvò frugando sotto il tavolo, lasciò la mancia e uscì tenendo stretta nella mano destra la valigetta nera.

Per mesi il caso Bloch, immortalato in quelle foto francesi, tenne banco a Washington, nonostante lui assicurasse che l'occasione di quel pranzo innocente era un semplice scambio di francobolli della Mitteleuropa, di cui i due commensali erano grandi appassionati. Ma il panico correva tra le capitali della Guerra fredda, Mosca e Washington, rimbalzando naturalmente nel cuore del conflitto, a Berlino. Le antenne sensibili dei servizi segreti, a Est e a Ovest, avvertivano per prime i segnali di disgregazione del blocco comunista, e gli agenti che per anni avevano fatto il doppio o il triplo gioco al riparo della fissità immobile del Muro adesso cercavano di salvare se stessi dagli scricchiolii che precedono il grande crollo.

Cia e Kgb si stavano incontrando ufficialmente a Santa Monica per scambiarsi informazioni contro il terrorismo, ma intanto un ex consigliere del ministro degli Esteri sovietico Shevardnadze, Vladimir Alpenidze, approfittando di un viaggio in delegazione a Roma il 5 settembre aveva chiesto asilo politico agli Stati Uniti; un capitano d'aviazione di stanza a Berlino Ovest, Vladimir Hirsch, era finito sotto inchiesta con il sospetto di aver passato informazioni ai russi; la Dpa, l'agenzia di stampa tedesco-occidentale, aveva appena battuto la notizia di un alto ufficiale dei servizi segreti della Ddr fuggito all'Ovest per collaborare con il controspionaggio, "la più grande pesca degli ultimi dieci anni". E adesso, nelle sorprese dell'89, il mistero irrisolto di Bloch, il terrore che proprio lui – con tutti quei segreti sulle due Germanie – fosse "la spia perfetta", convinto dal Kgb a collaborare magari attraverso il ricatto di quegli appuntamenti sadomasochistici (con frusta e stivali) a 250 dollari ogni sabato mattina con Tina Jirousek, cameriera viennese di trentaquattro anni interrogata per dieci ore dal Federal Grand Jury: con Bloch che la vede spuntare dal suo passato dentro i telegiornali americani, mentre sta chiuso in casa sorvegliato dall'Fbi, accarezzando un white terrier dal nome perfetto per questo autunno delle spie: Mephisto.

Come se tutte le angosce di Berlino dovessero per forza incarnarsi nella pietra e nel cemento, il vero demone della sorveglianza viveva insieme con l'eterno spettro della paura dentro i ventidue ettari della città proibita, coi ventinove palazzoni cresciuti attorno al civico 22 di Normannenstraße, l'indirizzo più spaventoso di tutta la Ddr. Da qui la Stasi, il ministero per la Sicurezza dello Stato, gettava la sua rete sulla società tedesco-orientale, sulle fabbriche e sugli uffici, sulla cultura e sullo sport, sulle chiese e sulle scuole, sull'arte e sul teatro, ma anche sulle famiglie, penetrando nelle case, nella mente degli individui, nel segreto dei loro rapporti, nel mistero delle loro inquietudini e nel privato delle loro ambizioni: trasformando tutto in commercio politico redditizio attraverso ricatti, lusinghe, minacce, seduzioni, facilitazioni, costrizioni, e facendo così prigioniero un intero popolo. Una cattura dell'anima collettiva, un'intimidazione permanente sospesa sul Paese, una sudditanza costante all'arbitrio assoluto del potere, grazie alla grande ragnatela di Stato che l'onnipotenza poliziesca del partito stendeva sulla vita quotidiana.

Il cuore del sistema, al settimo piano della Haus 1, era il quartier generale di Erich Mielke, il ministro dell'onnipotenza che terrorizzava il Paese, trasformandolo in un regno avvelenato della delazione e del sospetto. Apro la porta della paura. Prima la scrivania della segretaria, poi la stanza del comando, quindi un miniappartamento di due camere e un bagno piastrellato di azzurro e bianco, più un angolo disadorno per lavorare e un letto a una piazza, per le notti trascorse a seguire le operazioni più delicate, con la devozione di un monaco dello spionaggio. Nell'ufficio, di fianco al tavolo da otto posti per le riunioni, c'era un accenno di salotto, con un tavolino e cinque poltrone blu, dove si svolgevano i colloqui più amichevoli. Ma se oggi si fa scattare la serratura del piano più in basso dell'armadio a muro, lì accanto è ancora pronto un registratore gigante Smaragd, con le grandi bobine che avvolgono il nastro, per catturare le conversazioni tra amici. Sulla scrivania tre telefoni, grigio, bianco e nero, quello in centro ha un numero: 2341. Componendolo, si poteva ascoltare la voce dell'arbitrio che tutto può, il tono dell'abuso. Di fianco una specie di centrale telefonica riservata di pronto uso: cinque file di tasti con dieci comandi per fila, il pulsante verde grande per chiamare il partito, quello giallo per collegarsi direttamente con il Kgb a Mosca. Alle spalle il ferro verniciato di rosso (e nascosto dalle ante di un armadio) della cassaforte numero 1565 dalla chiave lunga, la più importante di tutto il palazzo, dove riposavano i dossier più scabrosi, come quello di Honecker, che non venne mai usato. Un apparecchio bianco e marrone, accanto alla scrivania, rivelava il calcolo, la prudenza e il timore del capo della Stasi: era un tritacarte elettrico russo, modello Intimus, col tasto rosso che quand'era il caso ordinava di triturare le prove compromettenti degli interventi della polizia segreta. Lavorerà senza sosta nei giorni della fine per cancellare la realtà facendola a pezzi sottili, strisce di parole incomprensibili.

La macchina dello spionaggio era straordinaria per le dimensioni, ma più ancora per le intenzioni. Poteva contare su 110.000 funzionari-agenti (la Gestapo aveva 15.000 collaboratori), su un battaglione militare intitolato a Felix Dzeržinski, fondatore della Čeka, la "madre" del Kgb, ma soprattutto su 190.000 *inoffizielle Mitarbeiter,* gli "IM", informatori non ufficiali. Tutti questi uomini e donne trasformati in agenti investigativi, delatori, sicofanti, cospiratori, basisti, infiltrati, allo scopo di spiare un Paese di 16 milioni e mezzo di abitanti, controllato, pedinato, intercettato, censurato, ricattato e minacciato più di qualsiasi altro Stato socialista: visto che il Kgb poteva contare nelle Russie su una spia ogni 1600 cittadini, la Securitate a Bucarest su un agente ogni 1500 romeni e la Stasi nella Ddr disponeva di una rete colossale, con un informatore ogni 50 persone.

L'ambizione, come l'estensione, era titanica, sovrumana, addirittura divina. Il partito aveva creato l'uomo nuovo, un idealtipo di suddito militante, modificato al servizio del comunismo. La Stasi, "scudo e spada del partito", aveva selezionato in questa progenie una supercasta politica particolare, composta da figli di agenti, di operai, di militari, di iscritti alla Sed impermeabili a parentele, amori, affari e consuetudini con la Germania Ovest e con i Paesi occidentali: dunque vergini, incontaminati, puri, fedeli, obbedienti, sicuri, ideologizzati e ricompensati per questa predisposizione genetica e questa totale dedizione con l'accesso privilegiato a una vita parallela di case riservate, mense dedicate, ambulatori appartati, viaggi facilitati. L'arruolato, dopo aver studiato il russo e il marxismo-leninismo, si specializzava all'accademia segreta della Stasi, quindi giurava di seguire "i comandamenti della morale socialista" e di sorvegliare costantemente "i metodi criminali degli agenti imperialisti". Da quel momento, il ministero veniva prima di ogni altra cosa. Il nuovo agente non poteva parlare del suo lavoro con la famiglia e con gli amici, non poteva sposarsi senza chiedere l'approvazione preventiva, non poteva neppure decidere da solo di farsi crescere la barba e i baffi (o tagliarseli), perché così avrebbe modificato i connotati in base ai quali era stato scelto e schedato nella macchina infernale degli archivi dello spionaggio.

L'ossessione del potere era il controllo. Il suo motore era il sospetto, il suo metodo la sorveglianza, il suo risultato il dossier. Per questo lo scrigno del comando diventava l'archivio, che traduceva su carta la nevrosi di Stato per un'infedeltà costante e nascosta che poteva emergere all'improvviso dovunque, minaccia eversiva alla sicurezza della Ddr. Ecco perché la mappa del territorio da vigilare, delle attività da investigare, delle persone di cui diffidare non conosceva limiti, dalle frontiere alle forze armate, al partito, alle aziende, alle scuole, alle chiese, agli intellettuali, agli artisti, agli sportivi. Un gigantesco dubbio di Stato pendeva sui cittadini, una relazione perenne di diffidenza legava il partito e i sudditi. Due diverse paure agivano ai due livelli, in una sorta di moto perpetuo tra il controllore e il controllato: la paura del regime per un malcontento prigioniero eppure sensibile, latente ma quasi visibile, soffocato e tuttavia ineliminabile; e la paura della popolazione inquisita in ogni spazio riservato, in qualsiasi ambito personale, nel sentimento dell'intimità, al punto da essere svuotata di ogni autonomia, vivendo nella subordinazione vincolata di un riflesso sempre condizionato.

A cementare le due paure contrapposte nel clima della Guerra fredda era la pratica di Stato del grande sospetto, l'ombra nera di una sfiducia permanente e reciproca tra governanti e governati, come se la Ddr fosse un gigantesco laboratorio sperimentale di psicologia della diffidenza. Il cittadino era comunque in difetto, per quel che aveva fatto o per quel che poteva fare. Lo Stato sapeva, immaginava, intuiva: era dunque autorizzato a difendersi sorvegliando, correggendo, bloccando.

È per questa strada che si arriva a sperimentare le pratiche di "decomposizione" mentale, con agenti speciali addestrati a condizionare psicologicamente le vittime, danneggiando il loro lavoro, falsando i risultati, manipolando gli amici, seminando dubbi e sospetti, minando matrimoni, alterando la dinamica naturale di gruppi, ambienti, famiglie, uffici, modificando le prognosi dei medici, falsificando i certificati di morte, penetrando nelle case per spostare oggetti, lasciare mozziconi di sigarette, aprire l'acqua, accendere la luce, disfare il letto, nascondere un cappotto: per indebolire la fiducia delle persone in se stesse, turbandole fino allo squilibrio. È il tentativo metafisico di alterare la realtà, perché la Stasi non si limita a spiare la vita quotidiana dei sospettati, ma la devia, la corregge, la sposta indirizzandola. Cioè la determina, anzi la ri-crea, copiando l'Onnipotente. E cercando ogni volta lo *Schweinehund* che è dentro ogni uomo, il punto-canaglia da afferrare, per incassare la bassezza, ricattare la debolezza, o venire a patti con l'abiezione.

Tortura mentale, dunque, ma non solo. Perché l'arma psicologica è pronta in ogni momento a virare sulla psicosi, sulla paranoia, sull'ossessione, con quasi 100.000 lettere al giorno aperte clandestinamente da una macchina col vapore, lette e, se è il caso, copiate e classificate, 23 centrali di intercettazione telefonica nella sola Berlino, pedinamenti e schedature con filmati e fotografie. Un Paese sotto ipnosi, che controllava il suo stesso respiro e il battito del cuore, le sue orme, le sue impronte digitali, i suoi gesti, le sue parole, i suoi pensieri. Poi le espulsioni, le torture fisiche per estorcere le confessioni, il carcere della Magdalene, la falsa stanza delle fotografie che nasconde un "cannone" per bombardare di radioattività gli oppositori, portandoli a incubare leucemie che li uccideranno a distanza, com'è accaduto al cantautore Gerulf Pannach, all'intellettuale Rudolf Bahro, al dissidente Jürgen Fuchs, mentre libri e vestiti venivano "marcati" con sostanze radioattive per seguire i movimenti dei sospettati, uomini o donne. Il sesso usato come esca, col progetto di far contagiare con una malattia venerea il professor Robert Havemann, socialista dissidente, o con le prostitute e la droga offerte al cantautore Biermann, per cui si adotta un controllo speciale: un agente si finge bagnino per seguirlo svestito sulla spiaggia per nudisti nell'isola di Usedom, l'amico a cui confida i tre nascondigli in cui protegge i suoi manoscritti la sera stessa li rivela all'ufficiale Stasi di collegamento, incontrato in un appartamento clandestino, come si fa con l'amante. Ma la vita dei dissidenti è braccata e molestata anche dopo l'espulsione nella Germania Ovest, come sa Fuchs, bombardato ogni giorno per mesi da materiale pornografico, svegliato ogni notte da telefonate senza voce.

È l'ibridazione del progetto sovietico del Kgb con il metodo e l'applicazione tedeschi. Mielke aveva studiato a Mosca e quando diventò ministro per la Sicurezza dello Stato, nel 1957, perfezionò il modello cekista puntando al controllo totale. La sua vera invenzione furono gli informatori non ufficiali, che non essendo arruolati come agenti stavano con un piede dentro la Stasi e con l'altro nella società, dove sorvegliavano familiari, parenti, amici, vicini di casa, colleghi di lavoro, conoscenti, mettendo a disposizione del ministero il loro appartamento per gli incontri segreti di altri "IM" con i loro referenti nella Stasi, funzionando da antenne, da spie, da staffette, da segnalatori. È l'invenzione maniacale di una nuova meccanica della sorveglianza: il controllo dal basso, la vigilanza da dentro. La società che spia se stessa, replicando automaticamente un modulo e moltiplicandolo all'infinito mentre lo riproduce, dopo averlo introiettato.

Vera Lengsfeld, che nell'81 fonda a Pankow uno dei primi gruppi pacifisti dissidenti, scoprirà di essere stata spiata per anni dal marito, Knud Wollenberger, mentre l'attore protagonista delle *Vite degli altri*, Ulrich Mühe, leggerà dossier su di lui firmati dalla sua seconda moglie, l'attrice Jenny Gröllmann. Ogni cittadino, se non aveva già incontrato la Stasi come informatore, aveva la sensazione che un altro cittadino lo stesse spiando. Spesso i due momenti coincidevano. La scrittrice Christa Wolf, che si "dimenticherà" della sua collaborazione con la Stasi e dei rapporti trasmessi a danno di altri scrittori, si trovò improvvisamente davanti a casa quell'auto (una Wartburg bianca) con tre agenti che guardavano tutto il giorno verso le sue finestre, e lei spegneva la luce per non essere vista, staccava la presa del telefono, andava ogni mezz'ora davanti al vetro per controllare se erano ancora lì. Poi il mattino dopo eccoli ricomparire alle nove in punto, questa volta con una macchina verde scuro, e uno scende all'ora di pranzo per comprare le salsicce, con la giacca a vento sintetica. Finché un giorno scatta qualcosa, lei ha l'impulso irragionevole di rovesciare l'attesa, accendere la luce, comparire in mezzo alla finestra, mostrarsi e fare un saluto con la mano: rispondono tre lampi dei fanali.

Come un'infezione o un virus, il controllo pervasivo e illimitato non solo si diffonde ma si impadronisce dell'organismo al punto da diventare leggendario, amplificando ancor più la sua portata e i suoi effetti. Nel gergo della Stasi si chiamavano proprio così – "leggende" – le storie di copertura inventate per camuffare gli agenti del controspionaggio, dando un senso e un passato alle loro false identità, soprattutto quando il loro capo Markus Wolf riusciva a spedirli nei Paesi occidentali. Ne infiltrò più di mille, mirando in particolare alla Germania di Bonn, dove intercettava 150.000 telefoni, e alle strutture della Nato. Anche lui creatura di Mosca, addestrato al Comintern, rispettava la regola dei Paesi satelliti che dovevano passare ai sovietici tutte le informazioni sensibili che raccoglievano, senza che funzionasse la reciprocità: ma gestiva direttamente 12 agenti segreti con incarichi speciali, che rispondevano soltanto a lui, e lo incontravano segretamente a Dresda.

Il suo capolavoro è la costruzione di Günter Guillaume (agente Stasi col nome in codice "Hansen") come un anonimo profugo dell'Est che in mezzo alla folla di fuggitivi arriva a Berlino Ovest a metà degli anni cinquanta, entra nella Spd, riesce ad agganciare l'entourage di Willy Brandt, nel '70 è suo consigliere nella Cancelleria (responsabile dei rapporti col Parlamento), nel '72 lo accompagna in treno nella campagna elettorale, legge ogni mattina i carteggi, i telex e i documenti segreti che arrivano al cancelliere: e fa rapporto a Est. Fino al 24 aprile del '74, quando verrà scoperto e arrestato, con una confessione che in realtà è una rivendicazione e costerà le dimissioni a Brandt: "Trattatemi col rispetto dovuto, sono un colonnello della Nationale Volksarmee della Ddr".

Processato, condannato, verrà liberato nel 1981 (e sarà ricevuto da Markus Wolf a Berlino Est con tutti gli onori per la "missione compiuta") in uno dei tanti scambi di agenti fra Est e Ovest, che normalmente avvenivano davvero sul "ponte delle spie", il magnifico Ponte di Glienicke metallico che dal 1907 univa l'ultimo lembo boscoso di Berlino Ovest con Potsdam, la città-reggia di Federico il Grande, poi per anni quartier generale degli alti comandi sovietici.

Tra gli uomini di Mosca di stanza nella Ddr c'era un giovane interprete di trentatré anni che in realtà dietro la neutralità di quella finta professione mascherava il suo vero ruolo di *Rezident* del Kgb nella stazione di Dresda. Dopo la caduta del Muro l'autorità federale che indagava sulle carte dello spionaggio scoprì il suo nome su un tesserino verde della Stasi, che adesso trovo nel fascicolo d'archivio, e mi giro tra le mani. Numero B 217590, valido dal 31 dicembre 1985 al 31 dicembre 1989, regolari timbri di convalida ogni trimestre, la scritta "Major". C'erano anche la fotografia e la firma: Vladimir Putin. Spiava gli uomini politici, controllava l'attività locale dei servizi tedesco-orientali, riceveva e passava alla Lubjanka di Mosca le informazioni, con quel tesserino aveva accesso a tutti gli archivi e ai documenti Stasi dalla sede della *Rezidentura* in una villa al numero 4 di Angelikastraße, mentre guidava la sua Žiguli, si iscriveva al circolo della pesca, frequentava la birreria Am Thor, dove il sabato ordinava un boccale da tre litri. Putin dunque, nella subordinazione gregaria della Ddr nei confronti dell'Urss, era anche un agente della Stasi, ne conosceva i segreti e i misfatti.

La macchina di ferro regge finché regge il Muro, pietra angolare del sistema, perché la sorveglianza ha bisogno della chiusura ed entrambe prosperano sulla paura. Quando il Muro crolla, anche il meccanismo infernale della Stasi si blocca, paralizzato, come se fosse saltata la molla. Urlano i dossier col timbro "OPK Akte" e il numero di matricola che nasconde per ciascuno una storia di spionaggio, di abuso, di violenza, di manipolazione. Spuntano i dissidenti di ieri, che oggi entrano nel palazzo del terrore, si siedono a un tavolo e aprono i faldoni con la loro vita catturata dal potere, i 30 fascicoli che parlano di Fuchs, le 40.000 pagine che hanno pedinato Biermann. Fuori, da qualche parte, camminano ancora i 190.000 "IM", gli informatori clandestini. Sono "spenti", certo vivi e consapevoli, ma disattivati come burattini senza fili. Chi li guidava non c'è più. Mielke, l'onnipotente ministro, è finito in un ospizio. Markus Wolf, che i sovietici chiamavano Mischa e gli occidentali conoscevano come la "Spia senza volto", è morto a ottantatré anni nel 2006 proprio il 9 novembre, l'anniversario perfetto della fine del Muro, come in un destino di pietra: d'altra parte, in quale altro giorno avrebbe potuto morire?

10.

I treni della libertà

Berlino, ottobre 1989

Dieci rintocchi, nell'aria fredda del 7 ottobre. Un lungo silenzio, con la folla che si sporge dalle transenne e il rumore del vento che sbatte sulla lunga fila ordinata di stendardi rossi. Poi il mazziere al centro della Karl-Marx-Allee fa quattro movimenti verso il cielo di Berlino Est, e parte l'inno nazionale. Sul palco tutti si tolgono il cappello, meno Erich Honecker, pallido e smagrito nella sua capigliatura bianca: un vecchio uomo di ferro, che non sa di essere arrivato al fondo del suo lungo regno, perché incapace di concepirne la fine.

Tra poco, dopo la parata aperta da dieci file di tamburi, seguiti dagli ottoni e poi dai reparti a piedi, dai carrarmati, dai missili sovietici, parlerà per celebrare i quarant'anni della Ddr, "frangiflutti del capitalismo e dell'imperialismo", in un mondo dove "il futuro appartiene solo al socialismo". Dieci anni prima su quel palco per l'anniversario c'era già lui, accanto a Leonid Brežnev e al generale Giáp, con tutta la nomenklatura di comando del blocco comunista infagottata e immobile, come il Muro. Adesso a fianco di Honecker c'è un nuovo segretario generale del Pcus, Gorbačëv, ci sono Jaruzelski e Arafat, i leader dei Paesi socialisti schierati. Ma tutto è cambiato. Quando passa la fiaccolata dei giovani del partito e dei veterani, il leader della Ddr alza il pugno chiuso, il capo dell'Urss invece saluta agitando la mano: poi prende dalla tasca una piccola agenda, la apre due volte, rompendo la sacralità comunista della parata, e addirittura a un certo punto guarda l'orologio sovietico al polso, impaziente di finire.

Ma c'è ancora l'ultimo atto, a sorpresa. La parata è blindata, con un pubblico filtrato dalla Stasi. Ecco però un corteo di duemila persone che si forma ad Alexanderplatz, punta su Unter den Linden e, quando la polizia carica, si disperde e si raccoglie in piccoli gruppi. Qualcuno adesso riesce a spuntare laggiù in fondo al viale imbandierato, si sentono grida ("Gorby, aiutaci") che salgono oltre la musica della banda, a destra s'innalza persino uno striscione eversivo: "Gorbačëv, resta da noi anche solo per un mese". Sul palco il presidente della Polonia Jaruzelski si volta verso il leader sovietico: "Avete sentito cosa stanno dicendo quei ragazzi? Gorbačëv, salvaci, ecco cosa chiedono". Si spinge avanti anche il segretario del Partito operaio polacco Mieczysław Rakowski, e prende per il braccio il presidente dell'Urss: "Voi lo capite, Mikhail Sergeevič, che questa è la fine?".

Poteva esserlo tragicamente. C'è un uomo alto, stempiato, vestito di nero e con lo sguardo fisso proprio alle spalle di Gorbačëv. È la sua guardia del corpo, Vladimir Medvedev, viaggia con lui, gli sta accanto anche al Cremlino, lo tradirà il giorno del golpe, andandosene di nascosto dalla dacia in Crimea dove il segretario generale è agli arresti. Oggi nemmeno lui sa che proprio in quell'ora e cinquantatré minuti in cui l'esercito tedesco-orientale ha sfilato mostrando in strada la sua potenza, qualcuno aveva programmato di uccidere il capo dell'Unione Sovietica, organizzando un assalto dei terroristi della Rote Armee Fraktion, che dovevano spararagli sul palco. Era il piano per un attentato clamoroso, sventato in extremis e svelato solo nove anni dopo da un agente segreto inglese, nome in codice "Tom Shore". L'operazione, guidata dal Kgb e dai conservatori del Pcus (che nel '91 organizzeranno il golpe di Crimea contro Gorbačëv), aveva due obiettivi congiunti. Abbattere l'uomo della Perestrojka e della Glasnost, fermando il tentativo di riformare il comunismo di Stato, e riportare con i carrarmati l'ubbidienza ortodossa nel campo dell'Est, bloccando le bestemmie polacche e ungheresi che stavano sfasciando il sistema, e arroccandolo intorno al Muro.

Proprio il giorno precedente la festa della Ddr, infatti, il concetto monolitico di Est si era platealmente spaccato in due davanti al mondo. Mentre Honecker all'aeroporto di Berlino Est baciava sulla bocca i leader dei Paesi fratelli, a Budapest il presidente del partito ungherese, Rezső Nyers, in un discorso di quindici minuti davanti al Congresso dava l'addio al comunismo: "L'era della dittatura del proletariato e del centralismo democratico va eliminata per sempre". È una valanga. "Non dimentichiamo quarant'anni di crimini e di errori," aggiungeva il leader dei riformatori Pozsgay. E infatti diciotto giorni dopo, nell'anniversario della rivolta ungherese e della repressione sovietica, mezzo milione di persone si ritrova in piazza per ricordare il sacrificio di Imre Nagy e Pál Maléter: "Qui, su queste piazze dove voi affrontaste i carrarmati di quell'esercito invincibile e versaste il vostro sangue," dice il presidente della Repubblica Mátyás Szűrös, "noi vi onoriamo riprendendo la vostra lotta, alzando le vostre bandiere e proclamando la nostra indipendenza. La rivoluzione risorge".

Parole mai sentite in tutto il dopoguerra. I comunisti cecoslovacchi reagiscono per primi, denunciando "il colpo di Stato che vuole trasformare l'Ungheria socialista in una repubblica democratico-borghese". Ma meno di una settimana dopo anche a Praga migliaia di persone riempiono piazza San Venceslao nella più grande manifestazione degli ultimi vent'anni, gridando: "Viva la libertà, viva Dubček!". Cosa sta succedendo? Proprio in quell'ottobre in cui tutto era incominciato nel 1917, il blocco comunista orientale si sta sciogliendo adesso, a fine 1989, cambiando la storia e la geografia di un intero continente. Partita dal Cremlino, nel cuore dell'impero, la spinta verso le riforme per evitare il collasso del sistema ora contagia gli Stati satelliti, che vedono la possibilità di riconquistare la libertà e l'indipendenza perdute da decenni e vanno oltre. La rinuncia di Gorbačëv alla dottrina Brežnev della sovranità limitata per i Paesi del Patto dissolve la paura di nuove invasioni e repressioni sovietiche: dopo quarant'anni di Guerra fredda, si può osare l'inimmaginabile.

Cos'era cambiato? "Dopo nove anni di lotta non eravamo più soli," mi dice a Danzica Lech Wałęsa, indicandomi la fotografia gigante di Giovanni Paolo II dietro la sua scrivania. "Avevamo cercato di liberarci del giogo che ci opprimeva in tutti i modi, prima con le armi, poi scendendo in strada nelle manifestazioni, quindi con gli scioperi, ma ogni volta i tentativi erano falliti, e tutto il mondo ci diceva: smettete di fare sciocchezze, dentro la Polonia vi controllano duecentomila soldati sovietici, fuori arrivano a un milione con i silos dell'arma nucleare, non avete nessuna possibilità di vincere. Poi, proprio quando si stava avvicinando il bimillenario del cristianesimo, un polacco è diventato papa. Dopo un anno è venuto in Polonia, la preghiera di un intero popolo suonava come una protesta, era la svolta. Ovviamente non è stato il papa a fare la rivoluzione, ma è come se ci avesse dato la parola, e noi l'abbiamo tradotta nella vittoria. Il comunismo sarebbe caduto lo stesso. Ma Wojtyła ha accelerato il corso degli eventi, evitando lo spargimento di sangue."

Adesso un buco nella Cortina di ferro indica la strada per aggirare la prigione del Muro. A giugno l'Ungheria aveva tagliato i reticolati aprendo la frontiera con l'Austria. Per tutta l'estate migliaia di tedeschi dell'Est erano partiti come per una vacanza in Ungheria e in Cecoslovacchia, visto che i viaggi nei Paesi comunisti erano liberi. Ma giunti a Praga e a Budapest, si erano immediatamente rifugiati nelle ambasciate di Bonn, chiedendo asilo per poter poi attraversare l'Austria e raggiungere finalmente la Germania Occidentale. La minaccia del Muro, con i suoi cani, il filo spinato, i riflettori e i fucili, improvvisamente diventava inutile. In un impazzimento dei punti cardinali, si poteva andare a Est per arrivare a Ovest. L'*Ostblock*, la sovrastruttura ideologica, militare, politica che teneva insieme i Paesi comunisti, si apriva come una promessa dopo essere stato per anni una minaccia, e diventava il lungo e paradossale corridoio che consentiva di unire Berlino Est con Berlino Ovest.

Durante l'estate le fughe individuali diventano l'esodo di un popolo. "Scappavano tutti, intere famiglie, spinte dai più giovani," mi dice Joachim Gauck, che diventerà presidente della nuova Germania. "Ma io e molti altri decidemmo di rimanere in patria. Si capiva che il regime non aveva futuro, volevamo costringere il governo a parlare con noi, ad accettare le riforme. Restando nella Ddr potevamo cambiare le cose." L'onda lunga però ormai esce dai confini, nessuno la ferma, i sudditi se ne vanno. Viaggiano con una sola valigia per la finta vacanza. Abbandonano l'auto con le chiavi nel cruscotto, pensano che non torneranno mai più indietro. In poche settimane al confine tra Austria e Ungheria si accumulano ottocento Trabant e vecchie Wartburg, sui bordi delle strade, nei sentieri dei campi, sotto gli alberi, in un cimitero spontaneo del ferro straniero, dove giacciono insieme la tecnologia comunista della Ddr, i suoi simboli, le code di otto anni per comprare un'automobile, la speranza di una seconda vita che spinge ad abbandonare ogni cosa nella grande fuga per la libertà.

"Anch'io ho preso in casa quattro cose e sono andata a Budapest col treno. C'era questo confine aperto con l'Occidente, tutti ne parlavano, avevo paura che si richiudesse, volevo passare, andarmene," racconta Ines Geipel, l'atleta diventata dissidente. "Non potevo più vivere, nel mio fascicolo la Stasi aveva scritto che per la mia ribellione ero 'strategicamente da distruggere', e aveva provato a farlo sul serio, organizzando un'operazione chirurgica in cui mi tagliarono i muscoli addominali, fingendo un'appendicite. Volevo solo scappare. Ho dormito per due notti sulla riva del Danubio, non potevo nemmeno lavarmi, stavo perdendo il coraggio e l'energia. Dove dovevo andare? Non potevo parlare con nessuno. Alla fine sono salita su un treno per Sopron, sono scesa in un paesino, mi sono nascosta oltre le case, nella foresta. Ho aspettato la notte, poi ho strisciato finché ho potuto, quindi mi sono messa a correre. Ho corso tutta la notte, probabilmente girando in tondo, perché il mattino dopo ho scoperto che il confine era ad appena quattro chilometri. Ho lottato, sono caduta, ho pianto, ho giurato che ce l'avrei fatta. Sono passata sotto il filo spinato tagliandomi, col cuore in gola perché c'erano segnali luminosi in cielo, uomini in movimento sull'ex frontiera, rumori di jeep con le porte che sbattevano. Tutto sembrava contro di me, finché rotolando ho alzato la testa, ho visto una chiesa bianca, sono entrata e il parroco mi ha detto: Calmati, fermati, adesso sei in Austria."

Lo specchio magico che consente di attraversare quarant'anni, per entrare in Occidente, è doppio. In Ungheria, la frontiera aperta che accoglie la massa di fuggiaschi con il brindisi dei ferrovieri sui treni, con le chiese che offrono rifugio e persino con i soldati che portano i loro letti da campo. A Praga, Palazzo Lobkowicz, l'ambasciata di Bonn. Qui a fine settembre i profughi sono più di ottomila, accampati nelle tende in giardino, ammucchiati nel cortile, dispersi negli uffici, con duecento persone soltanto nelle stanze del portavoce, mentre la Stasi ha comperato un appartamento nel palazzo di fronte per fotografare e filmare quel che succede nell'ambasciata, chi va e chi viene. Ma ormai l'intimidazione non funziona più, la grande paura si sta esaurendo. Dentro c'è un problema di viveri, di coperte, di igiene, si temono incidenti, rivolte, epidemie. Lo sblocco arriva da New York, in un colloquio tra i ministri degli Esteri di Bonn, Genscher, e di Mosca, Shevardnadze, insieme col segretario di Stato americano Baker. Capiscono che la situazione è insostenibile. Telefonano a Honecker, l'uomo che resiste in piedi al terremoto dell'Est capace di scuotere ogni cosa, che chiama i profughi "feccia", che si fa intervistare dalla "Pravda" per dire che la

Ddr non potrà mai abbandonare il marxismo-leninismo, "così come la pioggia non può cadere dal basso verso l'alto": e quando Gorbačëv, davanti all'intero Politbjuro tedesco-orientale, gli ricorda che "se si resta indietro la vita ci punisce immediatamente", gli risponde con una domanda: "Il suo popolo ha pane e burro a sufficienza?".

Prima Honecker addirittura nega le fughe: quando all'aeroporto un giornalista occidentale gli chiede cosa intenda fare per il problema dei profughi, si volta teatralmente verso gli uomini del Politbjuro che lo accompagnano e chiede ridendo: "Perché, vi risulta forse che ci sia un problema profughi?". Poi, quando gli spiegano che a questi ritmi a fine anno si arriverà a 200.000 rifugiati, quando il governo di Praga preme perché non riesce più a reggere all'ondata, cede. I fuggiaschi potranno andare in Germania Ovest, ma la condizione è che attraversino la Ddr, tornando indietro da dov'erano scappati, perché il potere li vuole esporre alla popolazione come rinnegati e traditori, fingendo che siano stati espulsi. È probabilmente l'errore più grave dei diciotto anni di regno di Honecker. Quei convogli con le porte sigillate che attraversano la Sassonia e la Turingia sono un anticipo della fine, e trasportano nel loro passaggio la conferma della svolta, l'impotenza del regime, l'autoevidenza della libertà. È una pedagogia ferroviaria: dunque si può uscire dal comunismo in treno. A ogni stazione la folla si raduna per salutare i profughi, che gettano dai finestrini i soldi tedesco-orientali ormai inutili, i vecchi documenti e i passaporti, persino le chiavi di casa, in una spoliazione pubblica che segna da sola la fine di un'epoca, perché svuota la Ddr di senso, come uno Stato ormai di cartapesta, un fondale abbandonato. Ciò che lasci non conta più nulla: conta solo ciò che puoi trovare, nell'altrove. Il futuro torna a scorrere, anche nell'Est dell'Europa, e indebolisce immediatamente il passato. Per questo a Dresda c'è l'assalto al treno, entrano in stazione in ventimila, tutti vogliono salire sul primo viaggio che simbolicamente attraversa il Muro, come se lo bucasse.

Quei treni che corrono verso l'impensabile perforando una corazza poliziesca e ideologica sono un segnale per tutto il Paese, giunto all'ora cruciale e deciso a non lasciarla trascorrere invano. È un risveglio intellettuale, morale, politico. Nella Ddr non c'era mai stata una vera dissidenza organizzata, ma solo testimonianze individuali, anche per il controllo soffocante della Stasi. Adesso si formano gruppi d'opposizione, movimenti per le libere elezioni, abbozzi di partito, come il Demokratischer Aufbruch sostenuto dal pastore Rainer Eppelmann, quel DA a cui si iscriverà a metà ottobre una donna di trentacinque anni che comincerà così il suo cammino politico: Angela Merkel. "Ormai nelle nostre riunioni e nelle assemblee pubbliche in chiesa dicevamo apertamente che le elezioni erano tutte falsificate, che la Sed organizzava brogli," mi racconta Eppelmann. "I comitati di protesta diventano rapidamente movimenti, si organizzano, allargano il loro orizzonte. E chiedono libertà. Parole e speranze che avevamo soltanto bisbigliato per anni vengono pronunciate a voce alta, tra gli applausi, diventano slogan in strada. È una liberazione mentale, spirituale, non solo politica. Stavamo ritrovando la nostra voce, io per primo. Le cimici che mi avevano piazzato in casa, sopra la lampadina sul soffitto, nella presa di corrente, non contavano più nulla, e nemmeno i quattro attentati che la Stasi aveva organizzato per uccidermi, allentando il volante della mia auto perché mi restasse in mano in corsa, facendomi investire da un camion. Non facevano più paura."

Come sempre sono le chiese a radunare e proteggere il dissenso che sta prendendo forma, mescolando la nuova politica alle vecchie preghiere, unendo Gesù, la pace e la libertà. Nel primo lunedì di preghiera di ottobre a Lipsia si radunano diecimila persone, e nasce lo slogan che abbatterà il Muro, "*Wir sind das Volk*", noi siamo il popolo. A Dresda la polizia attacca un corteo. A Berlino migliaia di ragazzi si incontrano nella chiesa del Getsemani, alzano fiaccole e candele verso gli agenti. Il gruppo della Vereinigte Linke chiede un socialismo democratico, il Neues Forum vuole addirittura registrarsi alle elezioni. E il 9 ottobre quando i dimostranti escono dalla chiesa di san Nicola e si uniscono alla folla in corteo, scoprono di essere ormai in settantamila. Sette giorni dopo saranno centoventimila: non si torna più indietro.

Adesso in piazza, sui sagrati, nelle strade si urla "*Freiheit*", libertà. C'è il nuovo coraggio di chi ogni giorno spinge più avanti la sfida al partito-Stato. Ma c'è anche l'angoscia del tempo, la paura di un colpo di coda del sistema, il dubbio sui piani della Stasi, l'incognita sul punto di rottura del regime: quando reagirà, e come, prima di lasciarsi deformare? In segreto, è la stessa domanda che agita i palazzi del potere. La Stasi filma le piazze, registra gli slogan, scheda gli attivisti, invia rapporti allarmati al partito, che è ipnotizzato dalla sua stessa perdita di potestà, dal trasferimento progressivo di legittimità, dal rovesciamento della forza. È a questo punto che il ministro alla Sicurezza dello Stato, Erich Mielke, mobilita le truppe antisommossa, dà ordine alla Volkspolizei di caricare, picchiare, arrestare: stroncare. Attaccano ovunque, con i cani, gli idranti, i manganelli. La Stasi ha mobilitato tutta la sua rete, vorrebbe mano libera. Molti temono una seconda Tien An Men. Il numero due del regime, Egon Krenz, è appena tornato da una visita amichevole a Pechino, Honecker ha ricevuto una rappresentanza cinese, il Parlamento di Berlino Est ha denunciato "gli atti di sanguinosa violenza da parte di forze anticostituzionali" a Pechino, sostenendo che "il potere popolare si è visto costretto a ristabilire l'ordine e la sicurezza con l'impiego delle forze armate". La tentazione cinese sembra l'ultima risorsa. Ma qualcosa s'inceppa.

Una cospirazione interna sta infatti allargando una crepa dentro il gruppo di comando della Sed. Honecker non si rende conto della trama che unisce nel patto segreto dirigenti riformatori come Günter Schabowski, membro del Politbjuro, e uomini di Mosca, come lo stesso Mielke, decisi ormai per la loro sopravvivenza a sostituirlo con Egon Krenz, cinquantatré anni, responsabile della Sicurezza nel Bjuro e delfino designato da anni. Quando Honecker dà ordine di usare la mano dura contro i dissidenti a Lipsia, Krenz blocca il partito e la polizia locali, dopo aver parlato a lungo con l'ambasciatore sovietico, Vyačeslav Kočemasov, che gli confermerà la dottrina Gorbačëv: i soldati russi non si muoveranno dalle caserme, non scenderanno in strada armati contro il popolo come nel '53. La Ddr per la prima volta è sola.

Il pugno di ferro di Honecker ricade nel vuoto, e in quel vuoto prendono corpo le ombre. Il 16 ottobre tutto il Politbjuro entra nella saletta di proiezione riservata per vedere le riprese fatte dalla Stasi dell'ultima gigantesca manifestazione di Lipsia. L'opposizione fa così il suo ingresso nel santuario del regime, filmata: uomini e donne che sfilano in centoventimila, striscioni che chiedono libere elezioni con il controllo dell'Onu per evitare altri brogli, slogan inconcepibili anche soltanto un mese prima: "*Die Mauer muss weg*", il Muro deve crollare. Il Palazzo si sente assediato e gli uomini che vogliono sostituire Honecker si appoggiano al fastidio di Gorbačëv per la resistenza del vecchio leader a ogni cambiamento. Realpolitik, istinto di conservazione, riformismo e voglia di potere formano il cocktail del golpe di partito. Durante i brindisi e i discorsi al quarantennale della Ddr i dignitari comunisti degli altri Paesi hanno avvertito il grande freddo tra Berlino e Mosca, hanno capito dai sussurri che qualcosa si sta preparando, qualcosa che il Cremlino copre, favorisce e incoraggia.

Così si arriva al 18 ottobre, il mercoledì di un'ordinaria riunione del Politbjuro. Honecker sta leggendo l'ordine del giorno quando il presidente del Consiglio dei ministri, Willi Stoph, lo interrompe: "Chiedo una modifica ai nostri lavori. Propongo la destituzione del compagno Erich da segretario generale e la nomina del compagno Krenz". Due vecchi bolscevichi di settantacinque e settantasette anni, Stoph e Honecker, si guardano attraverso il tavolo del comando comunista che li ha uniti per anni e oggi li separa. Come se non avesse inteso, o potesse ignorare l'irreparabile, il capo della Ddr fa finta di niente, guarda il foglio degli appunti che ha davanti e prova a riprendere il suo intervento. Ma Stoph scuote la testa: "No, dobbiamo discutere la tua revoca". Honecker si guarda intorno, nessuno interviene. Capisce, si appoggia alla spalliera della sedia: "Va bene. Apro la discussione".

Durerà tre ore, e il leader che sta per essere deposto sente i suoi vecchi compagni pronunciare ad uno ad uno l'atto di sfiducia contro di lui: tutti, anche Erich Mielke, che Markus Wolf chiamava "il cane da guardia" del partito. Il voto contro il segretario è unanime. Seguendo il rituale comunista che conosce più di ogni altro, anche lui giunto all'ultimo atto solleverà la mano e sceglierà di ubbidire al partito, votando contro se stesso prima di alzarsi per andare in bagno, ma in realtà per fermarsi nell'anticamera, prendere il telefono e chiamare la moglie Margot per informarla con due parole: "È accaduto".

Domani il Paese scoprirà il comunicato ufficiale nel quale Honecker chiede alla Sed di lasciare le sue cariche "perché le mie condizioni di salute non mi consentono più il dispendio di forze e di energie che la storia del partito e del popolo richiedono". Quando porterà quel testo davanti allo stato maggiore del partito, l'ex leader pronuncerà le parole in modo meccanico, automatico, leggendo addirittura la sua firma, alla fine, quasi fosse in trance. Da Mosca per il commiato arriverà soltanto un telegramma, come un necrologio comunista.

Era troppo presto per lui, secondo i calcoli sbagliati dell'eternità bolscevica. Ma era troppo tardi per il partito e per la sorte della Ddr, secondo il brontolio del terremoto che scuoteva l'89, arrivando ormai nel cuore di Berlino Est. Krenz, destinato a regnare appena quarantasei giorni, cerca subito di accreditarsi come il Gorbačëv tedesco, va in visita di amicizia al Cremlino, parla al telefono con Kohl, promette elezioni libere, incontra i vescovi, dialoga per quarantacinque minuti con i giornalisti: ma non è credibile come uomo della svolta e delle riforme, ha guidato per anni la Libera gioventù tedesca, dal Bjuro sovrintendeva alla sicurezza, cioè alla polizia, era il collaboratore più vicino a Honecker. La sua sembra un'operazione di maquillage più che una *Wende*, una vera svolta, in un mondo che si era ribaltato in pochi anni, portando al potere (dopo un papa polacco) Gorbačëv a Mosca, Kohl a Bonn e a Washington Ronald Reagan: il quale il 12 giugno 1987 parlando alla Porta di Brandeburgo si era rivolto direttamente al leader del Cremlino: "Mister Gorbačëv, se lei cerca la pace e la prosperità venga a questa porta, apra questa porta e abbatta questo Muro". Senza contare i segni dei tempi, che per chi ci vuole credere aprono uno squarcio sull'incredibile: quei mille russi che si radunano in piazza davanti alla Lubjanka urlando che il Kgb "è il vero nemico del popolo", Wall Street che sceglie venerdì 13 ottobre per crollare di 200 punti, il papa che sorvolando per la prima volta l'Urss nel suo viaggio aereo in Estremo Oriente benedice la Perestrojka e la definisce "una consolazione", lo scienziato-imbalsamatore Sergej Debov che racconta come restaura la sacra salma di Lenin, la Tass che annuncia ufficialmente al mondo lo sbarco dei marziani alti quattro metri nel parco pubblico di Voronež, dove hanno parcheggiato l'astronave prima di vaporizzare un passante all'ora di cena.

In questo ottobre dove ogni cosa è straordinaria, l'ordinario Krenz viene scartato dal movimento di opposizione, che lo salta senza nemmeno cercare un dialogo e guarda ormai avanti. "Il governo deve scusarsi pubblicamente," dice il vescovo di Dresda. "Anche Krenz è stato responsabile di brogli," accusa il Neues Forum. "Il ruolo guida al popolo!" grida un cartello portato in corteo a Lipsia. E nel voto per nominarlo capo dello Stato, il Parlamento abituato da decenni a ubbidire a ogni comando del partito vede spuntare all'improvviso ventisei voti contrari: una bestemmia politica. Nei verbali del Comitato centrale della Sed c'è il segno del panico che cresce nel gruppo di comando. "Non c'è più un minuto da perdere, compagni, abbiamo l'acqua alla gola," urla il ministro della Cultura Hoffmann. "Il nemico organizza manifestazioni violente, adesso i comunisti devono scendere in piazza. Siamo in ritardo. Se non prendiamo la parola ora, rischiamo di non ottenerla mai più." "Sono appena tornato da Lipsia," aggiunge il ministro dell'Edilizia Junker, "dove i manifestanti mi dipingono come un idiota. Che cosa significa? Se sono un idiota, può giudicarlo solo il partito." Krenz ascolta, prende appunti, interrompe: "Qui mi sembra che comunque ci muoviamo, facciamo passi falsi". La realtà è che nessuno può ormai riempire il vuoto di autorità che si è aperto nella Ddr, niente può arrestare la corsa verso la fine, ormai inseguita come la conquista di un nuovo inizio. La paura è diventata speranza, poi coraggio, quindi sfida. Adesso si allarga a Berlino, a Dresda, a Lipsia un sentimento sconosciuto di fiducia nella storia, che sta invertendo il suo corso proprio qui, dove il Muro l'aveva fermata per decenni.

Sarà vero? Per cercare una risposta la folla riempie la Volksbühne sulla Rosa-Luxemburg-Platz, dove stasera si recita il *Guglielmo Tell* di Schiller. Richiamati dalla calca, gli uomini della Stasi non capiscono cosa stia succedendo, finché non arrivano quei versi che tutti aspettavano: "Deve andarsene, il tempo è scaduto. Chi mai vorrà vivere ancora qui, senza la libertà?". Allora parte un applauso lunghissimo, come un giuramento, una promessa, o forse soltanto la conferma della brace ardente che cova ormai dentro la notte inquieta di Berlino: dove il Muro, improvvisamente, protegge il nulla.

11.

La notte del crollo

Berlino, novembre 1989

Come se camminassero direttamente nei libri di storia, entrarono in Alexanderplatz mentre la coda del corteo era ancora a un'ora di distanza. Erano in 600.000, quel 4 novembre, qualcuno dice un milione, dietro la banda degli ottoni su un carro che apriva la marcia sotto uno striscione gigantesco, issato per chiedere la libertà di stampa e di associazione. "Il re è morto", "Elezioni libere", "Dimissioni del governo", dicevano i cartelli scritti a mano e preparati in casa. E ancora: "Via il partito unico", "Chiudiamo la polizia segreta", "Ora o mai più".

Attorno la Berlino del potere sembra arrendersi man mano che il corteo passa davanti ai palazzi del comando, sfregiandoli già solo con il suo inedito coraggio, sfidandoli con la sua improvvisa libertà, immediatamente eversiva. Da Lipsia, da Dresda, dalle chiese luterane la prova di forza è arrivata nella capitale, e ora va in scena nella tana del leone, come l'opposizione chiamava il santuario del regime, trasformandosi immediatamente in una spallata. Il sistema è infragilito e svuotato dalla fuga in massa dei suoi sudditi, che porta via con sé l'autorità del partito-Stato, la paura di decenni, il controllo poliziesco. Scardinato dai fuggiaschi, tutto sta saltando, togliendo al Muro dopo ventotto anni ogni significato, quindi anche la minaccia. Egon Krenz è appena apparso in tv, invitando ad aver fiducia nelle riforme: "Il vostro posto è qui, abbiamo bisogno di voi". Ma da sabato, in tre giorni, sono scappati venticinquemila profughi, uno ogni nove secondi. Per abbandono, la Ddr sta diventando un simulacro vuoto.

Nella notte si sparge la voce che stanno arrivando treni con uomini della Stasi travestiti da operai per scatenare una provocazione in piazza, consentendo ai Vopos di intervenire, anche se la manifestazione è autorizzata, e trasmessa in diretta tv. E adesso, alzando gli occhi, si possono vedere gli uomini della Volkspolizei armati da antisommossa sui tetti delle case lungo Unter den Linden. Ma in realtà il governo, stordito dalla rivolta popolare, pensa ancora di riuscire a incanalare la protesta dentro un socialismo riformato di stampo gorbacioviano, garantendo la sopravvivenza alla Ddr. Per questo, dimostrando di non saper più leggere la realtà, manda in piazza i suoi uomini, per prendere la parola dopo che un'ambulanza ha portato via Christa Wolf, colpita da un attacco cardiaco alla fine del suo intervento: "Ciò che abbiamo pensato per anni finalmente ora lo stiamo gridando".

Ingigantito dagli altoparlanti, rimbomba per primo nella piazza l'imbarazzo comunista di Günter Schabowski, segretario del partito a Berlino Est, che si affaccia al palco come a un patibolo. Prova ad assicurare che "adesso siamo spalla a spalla con Gorbačëv, non si torna indietro", ma la folla non lo lascia parlare urlandogli: "Basta", "Via", "Siamo noi il popolo". Poi, incredibilmente, dal fondo del palco e della storia della Stasi viene avanti Markus Wolf, che ha lasciato la guida del controspionaggio soltanto tre anni prima, leggendo nel commiato ai colleghi una poesia di rivendicazione orgogliosa di tutto ciò che aveva fatto nei servizi segreti: "Scusate se sono un uomo / la santità non fa per me". Adesso comincia a parlare di moderazione, di rifiuto della violenza, ma viene coperto di fischi, urla, insulti, e deve smettere. "Solo allora," spiegherà poi la "Spia senza volto", "capii che non potevo sfuggire al mio passato. Dovevo imparare a considerarmi responsabile di un sistema. Quel 4 novembre in realtà fu l'ultimo giorno del nostro sogno comunista."

Proprio Wolf aveva confidato a Honecker di essere preoccupato per la protesta popolare, ma il vecchio leader lo aveva fermato: "Sono dei sognatori, degli illusi: io non permetterò mai che si verifichi qui quello che sta succedendo in Unione Sovietica". Poi era andato da Krenz, pochi giorni prima della sua nomina a capo del partito, spiegandogli che c'era il rischio concreto di uno spargimento di sangue, bisognava muoversi, cambiare. "Tu conosci il Politbjuro tanto quanto me," fu la risposta. "Se io osassi dire là un centesimo di quello che io e te stiamo dicendo qui, finirei per strada in ventiquattr'ore, buttato fuori. Ricordati che Gorbačëv è diventato segretario generale perché ha saputo tenere la bocca chiusa sotto tre predecessori." Ma ormai non è più tempo di silenzi e nemmeno di segretari generali, tutto si sta rapidamente consumando, e il conformismo prudente da apparatchik non paga più. Un istituto demoscopico di Amburgo, Gewia, organizza il primo sondaggio elettorale in un Paese che non ne ha mai conosciuti, interrogando al telefono 482 cittadini tedesco-orientali sulla base di un campione. Nonostante i telefoni intercettati e la sicurezza che qualcuno sta ascoltando e prende nota, la risposta è netta: se si votasse adesso, i comunisti uscirebbero dalle urne solo quarti, precipitando dall'onnipotenza al 13 per cento, battuti da partiti che non ci sono, come i socialdemocratici e i riformatori del Neues Forum.

Krenz è appena tornato dal Cremlino deluso perché l'Urss non può più sorreggere il disastro dell'economia tedesco-orientale. Gorbačëv ha dovuto chiedere al Parlamento di decretare l'emergenza e lo stato di crisi, e ha proibito gli scioperi per quindici mesi nello Stato dei lavoratori. La Ddr deve fare da sola, proprio nel momento in cui, approfittando della sua debolezza, dalla Germania Occidentale la Spd chiede a Berlino Est di rinunciare al dogma leninista del partito-guida, concedendo i diritti politici e civili. Il nuovo leader del partito deve conquistarsi un'autorità che nessuno gli riconosce, deve convertire la Sed alle riforme e nello stesso tempo deve rinserrare le fila di un partito e di uno Stato che si stanno disfacendo giorno dopo giorno, sotto gli occhi dei sudditi ribelli. Un triplo salto mortale fatto di paura, Realpolitik, calcolo, istinto di sopravvivenza.

Per prima cosa il governo ordina di proteggere il Muro, come se nel momento in cui tutto traballa quella pietra fosse la sola garanzia di sicurezza e addirittura d'identità, vero fondamento dello Stato e del regime, totem supremo cui appoggiarsi: nessun corteo può puntare verso il Muro, che va preservato dai Vopos con ogni mezzo. Poi cominciano le purghe, per provare a placare la ribellione popolare. Si dimette il governo. L'uomo più temuto di tutto il Paese, Erich Mielke, viene estromesso dal Politbjuro, anche se per prudenza rimane alla guida della Stasi come ministro della Sicurezza, perché la macchina poliziesca del regime non si tocca. Krenz prepara una mossa a effetto, facendo dimettere tutto il Bjuro l'8 novembre, come segnale estremo di rinnovamento. Ma la vera misura popolare era stata decisa pochi giorni prima, quando dal gruppo di comando era stata cacciata Margot Honecker, l'odiata moglie dell'ex segretario generale e ministro dell'Istruzione.

La protesta si sta divorando le riforme annunciate, corre più forte delle promesse. Ci sono cortei in cinquanta città, un milione di persone sui sedici e mezzo della Ddr ormai va in piazza tutti i giorni, sbucano cartelli e slogan che puntano al cuore del regime: "Sed all'opposizione", "Krenz-Xiaoping", "Uccidiamo i maiali della Stasi", e il Politbjuro legge ogni mattina rapporti riservati delle stazioni provinciali dei servizi segreti, sempre più allarmati. Il Paese è sovraeccitato e svuotato insieme, con i berlinesi divisi tra la possibilità di cambiare finalmente a portata di mano e la tentazione di fuggire dopo decenni di costrizione. Novantamila persone se ne sono già andate dalla Ddr, la Volkspolizei viene mandata a sostituire tecnici e dirigenti nei posti di lavoro, i soldati entrano nelle fabbriche, i pensionati tornano negli uffici da cui la gente è uscita per sempre. A Lipsia si fermano gli autobus, negli ospedali mancano i medici, sui treni non si riesce a fare il cambio turno dei macchinisti.

Il sistema sta soffocando e l'economia rischia di dare il colpo di grazia. Il Comitato centrale ascolta per la prima volta la verità sul rischio di bancarotta. "A partire dal 1973 abbiamo vissuto sopra le nostre possibilità e ci siamo fatti delle illusioni," rivela Günter Ehrensperger, capo del dipartimento finanziario del partito. "Abbiamo coperto i vecchi debiti con debiti nuovi, oggi paghiamo una quota di interessi insopportabile. Non c'è modo di uscire da questo disastro se non lavorando a testa bassa per quindici anni, consumando meno di quel che produciamo." Equazione impossibile: manca il tempo, manca la fiducia, manca la popolazione, che se ne sta andando. Krenz parla al telefono con Kohl, invia un emissario a Bonn per chiedere un prestito di 13 miliardi, ma l'ordine del cancelliere è di negoziare sui crediti solo in cambio di un piano serio di riforme che incidano sulla natura politica del sistema.

Il partito è allo sbando, l'emergenza profughi lo incalza, il dramma economico-finanziario lo perseguita. Tre dirigenti della Sed, sconvolti dai cambiamenti innescati dalla protesta, si suicidano il 7, a Perlzberg, a Koethen e a Bautzen. Krenz va via da Wandlitz, la cittadella del potere, e si fa fotografare con la moglie Erika, i due figli e la nipotina nella nuova casa al pianterreno di Majakowskistraße, nel sobborgo di Pankow, come un cittadino qualsiasi, ma nelle manifestazioni la gente urla "Egon, hai rivoltato il tuo vestito". Il Comitato centrale siede in permanenza, ma gira a vuoto su se stesso, mancano addirittura i voti per rimpastare il Politbjuro dopo le purghe, i nomi proposti dal vertice non convincono. In un sussulto, cercando un appiglio per la sopravvivenza, Hans Modrow verrà poi nominato nuovo primo ministro, con cinque schede contrarie e sei astensioni, nella novità del voto segreto. È il capo del partito a Dresda, una delle capitali della rivolta, soprattutto è l'uomo in cui più ha fiducia Gorbačëv, perché sostiene la necessità di riformare il sistema, sulla linea della Perestrojka.

Cambiano gli uomini, ma la politica resta ferma. Non si sa che fare con i visti, con i permessi di soggiorno all'estero, con le migliaia di profughi che affollano la Cecoslovacchia, con la richiesta crescente di espatri. Allentare le maglie significa favorire l'esodo in massa. Chiudere le frontiere vuol dire impedire ogni viaggio anche a chi non vuole espatriare per sempre, dunque aumentare il malcontento. Ormai quel che la gente chiede è la libertà, e quando questa richiesta è matura e arriva dalla piazza non si può dosarla in quote prudenti di misure burocratiche. Capisce tutto l'istinto poliziesco della Stasi, nascosto dentro il sentimento elettrico della popolazione, pronto ad accendersi per l'ultima decisiva fiammata. Con una disposizione strettamente riservata, Mielke impartisce a tutto il ministero per la Sicurezza l'unico comando che non aveva mai dato: bisogna distruggere subito gli incartamenti più delicati e pericolosi per la struttura di spionaggio, a ogni livello, perché un giorno potranno essere usati come prove di colpevolezza. Dopo decenni di potere discrezionale e assoluto, sciolto da ogni controllo, nelle stanze della Stasi si affaccia lo spettro sconosciuto e terribile del rendiconto, che testimonia in anticipo la fine della "Grande epoca", come la chiamavano i russi.

Ormai questa sensazione è nell'aria, con l'impossibile che arriva a portata di mano dovunque si guardi. A Est le coordinate sembrano impazzite, e tutte insieme. Il profeta del dissenso Andrej Sacharov vaticina che l'Urss dovrà vivere senza più l'impero; il Kgb si mostra in tv rispondendo in diretta alle domande dei cittadini sovietici; il canale di Leningrado intervista Aleksander Dubček; a Sofia novemila persone in piazza chiedono più democrazia; a Vilnius si prepara un referendum sull'indipendenza della Lituania; a Budapest hanno bandito un appalto per smontare la stella rossa che sovrasta il Parlamento; Frank Sinatra ha appena firmato un contratto per cantare *My Way* con l'Armata Rossa davanti al Cremlino; Monika Jaruzelska, che ha ventisei anni ed è figlia del generale capo dello Stato polacco, si fa fotografare su "Paris Match" in pose sexy e camicia da notte. Cos'altro deve ancora accadere?

Così, con tutti i conti sospesi che si avviano verso il saldo (come pretendeva Woland prima di volare via, nelle ultime pagine del *Maestro e Margherita*), Berlino si affaccia al 9 novembre, quel giovedì che cambierà il mondo. Tutto nasce dentro un partito frastornato e disorientato, che naviga a vista nella nebbia sconosciuta del malcontento, ormai trasformato in ribellione. E, nell'ultimo paradosso comunista, la libertà scaturisce da una disposizione del governo, che innesca il terremoto decisivo senza saperlo, incapace di misurare le conseguenze dei suoi atti, sotto pressione com'è per la perdita di controllo sul Paese. Come se quel gesto di comando del partito-Stato decretasse involontariamente la sua fine. Anzi, come se tutte queste giornate di protesta popolare si radunassero sulla soglia del partito-padrone, cumulandosi nell'attesa dell'ultimo atto cieco e sovrano che precipita la Sed nell'abisso suicida, da cui emerge la libertà per tutti.

È un giorno tiepido, ordinario, inconsapevole. Il Comitato centrale si trascina stanco per la sua inconcludenza, stordito come dopo una sbornia, confuso dalla velocità improvvisa che sta prendendo la storia, per la prima volta impotente davanti alla metamorfosi del Paese. "Vi imploriamo, non abbandonate la vostra patria, restate con noi," scrive il giornale del partito per scongiurare nuove fughe a Ovest. Ma il potere che passa dall'onnipotenza alla supplica non è credibile. Bisogna agire. Krenz legge l'ultima delibera del Politbjuro, suggerita da un gruppo di esperti del ministero degli Interni come misura estrema per interrompere la grande fuga. Finiscono i divieti per espatriare, i cittadini sono autorizzati ad andare all'estero senza presentare una domanda con le motivazioni, senza la scusa di una visita ai parenti: come se fossero improvvisamente liberi.

È la cancellazione del Muro, che diventa massicciamente invisibile, un gigante trasparente in mezzo alla città. Con questa sconfessione di una scelta strategica per ventotto anni, non solo politica ma esistenziale, il governo pensa che il permesso di passare a Ovest (e ovviamente di rientrare) neutralizzerà la spinta incontrollabile alle fughe definitive dalla Ddr. Il documento viene approvato nel brusio di una platea disattenta, e il Bjuro incarica Günter Schabowski di portarlo in sala stampa spiegandone il senso ai giornalisti, senza nemmeno averlo letto con attenzione. Non c'è la sensazione della svolta storica, tantomeno del precipizio, pensando di aver tempo per gestire la novità che dovrebbe scattare il giorno dopo – il 10 – mentre l'inerzia burocratica del regime, con i suoi riflessi condizionati per i timbri e i documenti, calcola che ci vorrà poi almeno una settimana per preparare i passaporti, che i cittadini non possiedono. Solo Krenz ha un riflesso di inutile timore, confessato sottovoce: "Sarà un fuoco d'artificio".

Ma nessuno spiega i dettagli a Schabowski, che pochi minuti prima delle sei di sera entra nella sede della stampa estera. Per un'ora parla del congresso del partito, poi dà finalmente la parola al giornalista italiano che la chiede da dieci minuti, seduto sotto di lui, su un gradino davanti al podio, perché ha faticato a parcheggiare, è entrato tardi nella sala e non ha trovato una sedia libera. Si chiama Riccardo Ehrman, è il corrispondente dell'Ansa e un amico tedesco che fa parte del Comitato centrale gli ha detto un'ora prima di non perdersi la conferenza stampa, sta succedendo qualcosa. Ehrman alza la mano a lungo, ha una domanda pronta e quando finalmente gli danno la parola chiede: "Perché non ammettete che le misure prese per regolare i viaggi non funzionano, sono un errore e non cambiano nulla?". Schabowski reagisce col vecchio istinto del partito, in difesa: "Noi non commettiamo errori". Ma ha già una mano in tasca, trova il foglio dattiloscritto, legge le nuove misure: le norme cambiano, tutti i cittadini della Ddr potranno andare all'estero con il semplice documento d'identità, senza bisogno di un visto. Dove vorranno. Ehrman lo interrompe: "Anche a Berlino Ovest?". "Sì," è la risposta, "anche a Berlino Ovest."

Sono le 18.53, l'ora della storia, quando Ehrman incalza con la domanda che porterà tra poco alla fine della Ddr, abbattendo il Muro: "Da quando?". Schabowski non lo sa, non gli hanno detto che il nuovo regolamento dovrebbe scattare l'indomani, in modo da preparare le guardie di frontiera. Riprende il foglio, legge, non trova date, rialza la testa e dice: "*Ab sofort*," da subito, "a me risulta da subito". Ehrman esce per primo dalla sala, corre al telefono, chiama l'Ansa a Roma e annuncia: "È caduto il Muro di Berlino". Sembra impossibile credergli.

Ma la conferenza stampa è trasmessa in televisione, in diretta. Nelle case si ascoltano quelle parole, non si capisce bene, non si sa se fidarsi o diffidare. Si chiamano i parenti – "hai sentito?" –, si consultano gli amici. Ma quel termine, "*sofort*", va verificato immediatamente. L'istinto, la voglia di sperare che sia vero, l'ansia di non perdere quel varco appena annunciato che magari verrà presto richiuso, lo spirito dell'89 che rende plausibile l'improbabile portano la gente per strada. Tutti sanno dove devono andare, come in un rito pagano, e si dirigono verso il Muro per capire a che punto dell'incubo o del sogno si trova stasera la

Ddr. Nel buio delle strade comuniste cresce una folla impazzita, trasportata verso l'incredibile appuntamento con la libertà. Mentre Ehrman torna a casa, la gente che si ammassa in strada lo riconosce, l'ha visto in diretta tv, è quello che ha fatto la domanda: "Mi applaudono," racconta oggi, "mi circondano, mi sollevano in alto come se mi portassero in trionfo. Indimenticabile, in tanti anni di giornalismo non mi era mai successo nulla di simile".

Tutto è ancora sospeso, finché alle otto di sera l'Ard, il canale tedesco-occidentale visto anche a Berlino Est, annuncia che "la Ddr apre le frontiere". Dopo pochi minuti i primi gruppi di persone si presentano ai posti di controllo, chiedono che le sbarre vengano alzate. C'è un dialogo a distanza ravvicinata – è la prima volta – tra le guardie che non sanno nulla e i cittadini che continuano a ripetere "*sofort*", spiegano cos'hanno visto in televisione, chiedono di passare, mentre i poliziotti ribattono di non aver ricevuto istruzioni. Soprattutto, le guardie vedono che la folla s'ingrossa di minuto in minuto, tutta la città è scesa per strada e adesso è qui alla frontiera del Muro, davanti ai blocchi di Invalidenstraße, Bornholmer Straße, Heinrich-Heine-Straße. La massa di persone ora preme, pretende. Il rapporto di forze si è rovesciato, l'equilibrio pietrificato per quasi tre decenni dietro il Muro non può reggere se il Muro vacilla.

All'ora giusta, trent'anni dopo, si può provare a camminare sul bordo di quella notte, attraversando la gobba del ponte ferroviario di Bornholmer Straße, lungo la linea delle rotaie del tram, dove l'Est e l'Ovest si toccavano e si dividevano. Il ponte porta fino a quel punto intatto della memoria. In questa stessa luce livida dei lampioni rotondi arrivò davanti alla folla il tenente colonnello della guardia di frontiera Harald Jäger. Stava cenando alla mensa ufficiali, sente la notizia, non ci crede ma decide di correre al checkpoint. Vede i suoi uomini armati di pistola e fucili d'assalto, ma insicuri, smarriti. La massa di persone davanti alle sbarre aumenta ogni minuto, non è minacciosa, è impaziente: chiede di passare, come se ne avesse improvvisamente il diritto. Jäger non ha istruzioni, telefona al comando. Gli dicono che servono i documenti di viaggio per attraversare il confine, come sempre: deve rimandare indietro chi non ha il permesso. Esce fuori, si rende conto che è impossibile. Nel buio rotto dai riflettori la folla si avvicina alla barriera, le guardie indietreggiano, si capisce che hanno paura. Alle nove il tenente colonnello richiama: "Voi non avete idea di cosa sta succedendo qui, dobbiamo fare qualcosa". Ma nessuno sa che fare, il comando deve fronteggiare una questione troppo grande, telefona agli Interni. Nello sbandamento del regime, in qualche ufficio del governo qualcuno sta decidendo in quel momento se bisogna cedere e aprire il confine oppure resistere e usare le armi. "Ho avuto paura di un bagno di sangue sul confine," mi dice Walter Momper. "Temevo una reazione davanti a tutta quella gente. Il segnale più importante venne dalle caserme dov'erano acquartierate le truppe sovietiche di stanza nella Ddr: tutto fermo, non uscì un soldato né un carrarmato."

L'automatismo militare a difesa del Muro è saltato. Alle undici e mezza di sera Harald Jäger è solo davanti alla folla, abbandonato dai suoi superiori. Esce fuori, dà l'ordine di aprire il varco di confine. I soldati si avvicinano alla barriera, ma la folla ha capito, li precede, prende in mano le sbarre e le sposta da sola. Il Muro cade nell'ombra di un ponte sopra i treni. La gente si spinge avanti, non può più aspettare, vuole passare, ciò che era proibito fino a ieri – l'Ovest – è a pochi metri, si può toccare. Un fiume di persone attraversa il Muro, come accadrà tra poco negli altri varchi, e infine persino a Checkpoint Charlie, per quasi trent'anni il vero punto di confronto e di scontro fra l'Est e l'Occidente. La folla corre, bacia la terra, piange, si abbraccia, canta. Impazziti per l'empito dell'improvvisa libertà, i berlinesi dell'Est camminano nella città dell'Ovest, hanno piegato il regime costruito col fil di ferro, e adesso per la prima volta nella loro vita hanno il Muro alle spalle. Escono in strada i tedeschi-occidentali, abbracciano gli uomini e le donne che arrivano, offrono da bere, portano cibo, qualcuno apre il salotto di casa, è una festa senza limiti che durerà tutta la notte: e che è già una rivoluzione.

La superstizione fisica e politica del Muro, costruito per garantire nella pietra la sopravvivenza del sistema, si rovescia nel suo contrario, platealmente e per sempre. La metafisica del terrore diventa un semplice ingombro fisico. Cancellato il Muro, si esaurirà il regime, come se fosse impastato di quello stesso cemento pauroso e ideologico. Bisogna camminare oggi nello stesso buio attraverso il vuoto notturno della Porta di Brandeburgo, con soltanto due poliziotti laggiù in fondo, per immaginare la ressa, le grida, il tumulto del cammino nella libertà. E riascoltare il dialogo notturno tra un capitano e il colonnello Jäger, davanti al confine aperto, quella notte: "Harald, credo che per la Germania Est sia finita". Infatti è la fine, e i due soldati la vedono arrivare da quel varco nel Muro.

Adesso c'è una folla mescolata, tra Est e Ovest, che ha già cancellato la divisione tra le due Berlino. Qualcuno cammina in pantofole o in pigiama, strappato al sonno dal richiamo di una notte imperdibile. Una banda inglese sta suonando, si balla in piazza, molti si sporgono dal finestrino delle Trabant che sfilano per le strade occidentali come un trofeo orientale, con il loro odore di carburante povero misto a olio, e quel fumo dell'Est che oggi ha odore di liberazione. Nella consapevolezza della storia, ognuno si ricorderà questa notte dov'era.

Helmut Kohl è in visita di Stato in Polonia, viene sorpreso dalla notizia all'Hotel Victoria di Varsavia, prima di interrompere il viaggio. "La sera prima il cancelliere aveva chiesto di incontrare Solidarność," mi racconta Lech Wałęsa. "Arriviamo. Dopo i convenevoli dico: Signori, tra breve cadrà il Muro di Berlino, e poi cadrà l'Urss, siete pronti per questo terremoto? Mi risponde il ministro degli Esteri Genscher: Caro amico, vorremmo avere questi problemi, ma prima che succeda cresceranno grandi alberi sulle nostre tombe. Erano uomini intelligenti, ma un dilettante capiva la situazione prima di loro, proprio perché nei momenti di svolta non bisogna ragionare come i politici, si deve sfidare l'impossibile."

Rainer Eppelmann, il nemico pubblico numero uno del regime, cammina sballottato tra la gente insieme con un altro pastore protestante, vede la barriera aprirsi, passa a Occidente, e in quel momento capisce che la lunga battaglia sotterranea dei dissidenti è finita, il popolo in strada li sopravanza e di colpo vuole tutto.

Dieter Teichmann, il capo di stato maggiore delle truppe di frontiera, non viene avvertito da nessuno e apprende dalla televisione l'apertura del confine su cui dovrebbe vigilare.

Wolf Biermann, il cantautore dissidente a cui era stata ritirata la cittadinanza, segue ogni cosa da Amburgo in televisione, disperato di non poter essere per strada a Berlino.

Christa Wolf è al cinema a vedere un film sul coming out di un insegnante omosessuale nella Ddr, e per due ore in quella bolla non sa nulla, mentre fuori Berlino impazzisce ubriaca di felicità.

Markus Wolf, l'ex capo dello spionaggio, è in un club di Potsdam per presentare il suo libro *La trojka*, quando si spalanca la porta e un giovane corre dentro urlando: "Hanno aperto il Muro!". Anche la Stasi è sorpresa.

Joachim Gauck sta camminando a Rostock, in una manifestazione. "Si avvicinano due poliziotti che conoscevo," mi racconta, "e mi dicono sottovoce che è caduto il Muro. Rispondo che è impossibile, arrivo proprio da Berlino, due giorni fa ho visto il Muro intatto, pauroso come sempre."

Ma lo stupore più grande è quello di Willy Brandt. "Ci eravamo trasferiti nella casa nuova a Unkel, sul Reno, proprio l'8 novembre, il giorno prima della caduta del Muro," racconta Brigitte Seebacher, la moglie. "La casa non era pronta del tutto, anzi le stanze erano sottosopra, con scatoloni dovunque. E nessun televisore. La sera del 9 mio marito arrivava dal Parlamento, dove avevano avuto la notizia dell'apertura del confine, ma nessuno pensava a una caduta immediata del Muro. Era stanco, andò a letto presto. Alle cinque e mezza del mattino suona il telefono, è un giornalista di una radio dell'Assia che vuole parlare con Brandt. Lo sveglio, e ricordo le mie parole: Willy, alzati, al telefono c'è un tipo che ti vuole, dice che è crollato il Muro."

Su quel Muro adesso salgono i giovani, si mettono a cavalcioni, tirano su a forza di braccia le ragazze, dominano il mostro esausto che fino a ieri li ha dominati. Sabato arriverà qui davanti al monumento di pietra Mstislav Rostropovič, col suo violoncello. Non ha una sedia, qualcuno gli porge un seggiolino pieghevole. Si forma un semicerchio di folla attorno, con uno spazio vuoto che si riempie di musica. Lui non ha bisogno di dire nulla, la sua vita spiega tutto da sola. Aveva quarantasette anni quando lo avevano cacciato dall'Urss, nel '74, era a Parigi e ha visto le immagini del Muro improvvisamente aperto, ha preso l'aereo ed è venuto col suo strumento a ringraziare Dio per quel che è accaduto, perché quel filo spinato aveva diviso la sua vita, che si è riunita quando si è squarciato. Così la musica di Bach, suonata in re minore da un esule dell'impero dissolto, è la prima preghiera ad attraversare il Muro che fu.

12.

Il mondo senza Muro

Bonn, novembre 1989

L'inno nazionale arrivò imprevisto alle otto e mezza di sera nel buio invernale di Bonn, rendendo solenne persino il giallo provvisorio e stanco dell'aula del Bundestag, nella vecchia centrale dell'acqua potabile riadattata a Parlamento, vicino al Reno. Nella sala semivuota, con due telecamere fisse che filmano la noia, si sta trascinando a quell'ora una riunione ordinaria sulla riforma delle pensioni, quando va al microfono il vice capogruppo della Cdu Karl-Heinz Spilker. Non è pronto per la grande occasione, ha una giacca marrone a quadri e la mano sinistra in tasca. "Ma signor presidente, onoratissimi colleghi," dice fissando incredulo il foglio che tiene nell'altra mano, "devo leggervi una notizia che mi è appena arrivata. Da adesso, da subito, i cittadini della Ddr hanno la libertà di viaggiare nella Repubblica Federale." Tutti guardano il capo gabinetto di Kohl, Rudolf Seiters, che conferma: "Ho appena parlato al telefono col cancelliere, siamo davanti a un passo di importanza enorme. Per la prima volta viene concessa libertà di movimento ai tedeschi residenti nella Ddr". Tocca a un veterano socialdemocratico come Hans-Jochen Vogel, con la sua cravatta rossa, siglare la fine di un'epoca: "Lasciatemi dire che una cosa è chiara fin da adesso. Dopo ventotto anni il Muro ha perso la sua funzione e il suo ruolo".

Affondato nello scranno in prima fila Willy Brandt, il nemico del Muro, sembra impietrito, catturato dai ricordi, e non dice una parola. Nei banchi della Cdu tre deputati, Josef Unland, Franz Sauter ed Ernst Hinsken parlano sottovoce tra di loro, poi si alzano e intonano l'inno: "Unità, giustizia e libertà per la patria tedesca, unità, giustizia e libertà garanzia della felicità". Prima piano, poi a voce alta cantano tutti, è arrivata gente, l'aula è in piedi, rimbomba di emozione. Sotto i neon accesi, quel 9 novembre 1989, sta passando la storia che si è appena compiuta a 599 chilometri di distanza, a Berlino.

È una storia che sa dove vuole andare, dopo i ventotto anni in cui è stata imprigionata dal Muro. Adesso sta correndo. Là davanti alla barriera, da quel municipio di Schöneberg dove Kennedy parlò contro la reclusione di Berlino Est, il borgomastro Walter Momper ha appena detto, tra gli applausi, che la sua città oggi è la più felice del mondo. Helmut Kohl fissa subito la posta in gioco: "La libertà di movimento è fondamentale, ma non basta. Servono la libertà di stampa, di espressione, con liberi sindacati, liberi partiti ed elezioni libere. Voi al di là del Muro oggi non siete più soli. Noi siamo dalla vostra parte. Noi siamo e rimaniamo una nazione". Nella breccia che si è appena aperta, dunque, il traguardo diventa subito evidente: è la riunificazione. Ora che Berlino è libera, cos'altro si può volere? Tutto.

La forza del simbolo caduto moltiplica le ambizioni, le ingigantisce e le proietta oltre la città congelata dalla Guerra fredda, che comincia appena a sciogliersi. Lo spazio infine vince sul tempo, riemerge libero dall'ossessione del controllo, finisce la lunghissima era del potere materiale, fisico, tangibile e primitivo, che si tutela chiudendosi e limitando il movimento. C'è nelle cancellerie un sentimento generale di nuovo inizio, lo choc dell'impossibile che diventa realtà, la tentazione e la paura di un disegno inedito del mondo, che comincia proprio qui. Come se il Muro avesse cementificato la vicenda umana, subordinandola al suo tracciato, paralizzandola. E ora saltano insieme i confini storici, politici, ideologici, mentre le mappe chiedono di essere riscritte per il mondo nuovo che sta per cominciare. Si rompe il vallo che concentrava su di sé, strumento di divisione, il codice di lettura dell'universo spaccato e separato in due: adesso non c'è più niente in mezzo, le due parti devono definirsi da sole, il mondo è piatto senza quell'ostacolo di tre metri e sessanta di altezza. George Bush si affaccia alla storia europea per promettere addirittura "un millennio" di libertà; dal Cremlino Gorbačëv gli risponde che "è caduto il Muro, non il socialismo", dunque le frontiere non si toccano, perché "vogliamo che il mondo cambi, ma nella stabilità"; all'Eliseo Mitterrand, prudente, profetizza che la Germania in ogni caso sarà "il tema del secolo".

Sotto il cielo della politica la gente ha già scelto. Un milione di persone ha attraversato la frontiera tra le due Germanie il secondo giorno, per leggere i giornali occidentali, comprare i formaggi e il caffè, trovare le banane scomparse nella Ddr, sedere nei bar, prendere i "soldi del saluto", quei cento marchi di benvenuto a Ovest. A Lubecca la folla arrivata sulle Trabant ha addirittura sbancato il Comune che ha subito finito i soldi, e ha dovuto chiederne altri in prestito ai supermercati, con code davanti agli uffici postali lunghe quattrocento metri. A Berlino, tre valigie di marchi sono state spedite d'urgenza dalla Banca centrale al borgomastro Momper, che chiedeva aiuto. "Entrammo in emergenza," racconta oggi, "perché i tedeschi dell'Est non spendevano nulla, l'Ovest in quelle ore regalava tutto, birre, gelati, pane, corse in autobus e in taxi. Il denaro non tornava indietro, non circolava attraverso i consumi. Finché arrivò un aereo militare americano, carico di otto tonnellate di banconote. Otto tonnellate di benvenuto."

Al posto di frontiera di Rudolphstein c'erano 60 chilometri di auto in fila, 35 a Eussenhausen, 20 a Rottenbach: dal giovedì alla domenica passa la vecchia frontiera quasi un milione di persone al giorno, lunedì 17.000 tra questi visitatori dell'Occidente chiederanno di rimanerci, senza più tornare indietro. Al settimo giorno, la metà dei sedici milioni e mezzo di abitanti della Ddr ha chiesto il visto per uscire: un Paese intero si è messo in cammino verso un appuntamento storico, incorniciato dalla *Settima sinfonia* di Beethoven diretta da Barenboim alla Filarmonica, dal *Flauto Magico* di Mozart all'Opera.

È la vertigine del vuoto lasciato dal Muro, un vuoto da attraversare, da scoprire, da esplorare prima di poterlo poi colmare con la nuova vita tedesca, che nessuno sa come sarà. Nelle strade e nelle piazze Berlino perde di colpo la fisionomia di città artificiale, provvisoria, ritrova la dimensione metropolitana come un'abitudine sommersa, mentre compie il suo destino tenendo insieme per la prima volta i colori occidentali col bianco e nero che si portano dietro come un'eredità gli orientali: distinguibili con un'occhiata per il taglio dei capelli, i vestiti grigi, l'andatura, la sosta davanti a ogni vetrina, la cartina della città in mano, mentre cercano gli indirizzi che fino a ieri avevano visto soltanto in televisione. Non si è aperta solo una frontiera, si è spalancato un mondo proibito, vagheggiato, contornato da leggende. Le due città dopo trent'anni di divisione non si sommano ma si saldano attraverso la linea proibita, percorse dall'ansia di sperimentare il percorso della libertà, il semplice arbitrio di andare e venire, che convive con la paura di un colpo di coda. Ad esempio cosa sta succedendo laggiù, negli hangar del vecchio aeroporto, dove una colonna di camion stasera continua a scaricare casse blindate fino a notte? Nella precarietà eccitata di un mondo nuovo, le voci impazzite attraversano i nervi scoperti di Berlino. Si dice che la Stasi stia distruggendo i suoi dossier più segreti, le prove dei vecchi assassinii dei dissidenti all'inizio con la ghigliottina poi con un colpo alla nuca, senza nemmeno restituire i corpi alle famiglie, che stia nascondendo gli elenchi degli informatori sotto copertura, le trascrizioni delle intercettazioni telefoniche, le fotografie dei pedinamenti. È per questo che stasera gli operai dell'aeroporto di Schönefeld lanciano l'allarme: al terminal C, destinato ai voli di Stato tedesco-orientali, stanno caricando tonnellate di carta in fascicoli sui bimotori turboelica sovietici *Antonov 26*. Sono le prove dei crimini della Stasi, e una squadriglia speciale delle Luftstreitkräfte der Ddr viene fermata dalla magistratura mentre sta ultimando il rifornimento, pronta a partire per la Romania, portando i dossier al sicuro nel regno di Ceauşescu. Il grande inganno di Stato continua, questa volta provando a cancellare le sue stesse tracce.

Il primo giorno del rendiconto è un lunedì, il 13 novembre. La Volkskammer, il Parlamento della Ddr, chiama l'ex ministro della Stasi, Erich Mielke, a rispondere dei suoi trentadue anni di comando. L'uomo che si alza in piedi ha ottantadue anni, lo sguardo terrorizzato dietro gli occhiali di corno. Non capisce. Dopo l'onnipotenza e l'arbitrio assoluto, sono arrivate di colpo la paura e la solitudine, proprio lui è stato cacciato per primo dal Politbjuro, ha perso il posto nel governo. Adesso deve addirittura giustificarsi davanti a questa Camera del popolo che è sempre stata un semplice prolungamento gregario del potere, e deve difendersi dalla stupefacente aggressività di deputati che prima della caduta del Muro avevano paura anche solo di incrociare il suo sguardo. Si è messo l'abito blu, prova a parlare da uomo di Stato, la prima parola che pronuncia è "*Genossen*", compagni, come per richiamare tutti a una storia comune. Ma appena rivendica "lo straordinario contatto" della Stasi col popolo viene sommerso da urla, risate, insulti. Si ferma guardandosi intorno, e piange mentre riprende faticosamente a parlare nel tumulto: "Noi siamo i figli della classe operaia. E abbiamo sempre lavorato per voi, per tutti". Le urla continuano. Mielke adesso grida e sembra che con lui gridi il partito mentre si separa dal sogno ideologico che ha tradito mille volte: "Ma io vi amo, vi amo ancora tutti, mi sono sempre impegnato per questo, amo tutti gli esseri umani...".

Perso completamente il controllo della situazione, il partito abituato a essere il centro di tutto si avvita su se stesso, allo sbando. Bisogna leggere i verbali del Comitato centrale subito dopo il crollo per cogliere l'angoscia del naufragio. "La mattina del 10 novembre sembravamo ubriachi," racconta Günter Schabowski, "ma pensavamo ancora che la Ddr si potesse risanare e riparare, sia pure con ventotto anni di ritardo, e invece l'Utopia ci aveva scartati ed eliminati. Sentivo le voci dei compagni dopo l'apertura del Muro: com'è stato possibile spingerci fin qui? Chi ci ha cacciati in questo bel pasticcio?"

Krenz si scusa: "La pressione sul Muro era inarrestabile. L'unica soluzione sarebbe stata un intervento militare. Grazie al buonsenso delle truppe di frontiera, la crisi è stata gestita con calma. Ora la pressione continua a crescere, esiste il grande pericolo che molte persone ci lascino". "Ma io posso garantirvi che le compagne e i compagni della Sicurezza dello Stato, figli della classe operaia, sono sempre pronti a servire il popolo, lo Stato socialista e il partito," assicura il viceministro della Stasi, Rudi Mittig. L'ideologo Kurt Hager dà la colpa all'Occidente: "Il nemico controrivoluzionario è alle porte. Chi non l'ha ancora compreso dovrebbe guardarsi il Bundestag che canta l'inno tedesco. È come se avessero reso noti i loro piani e gli obiettivi". Krenz legge i rapporti che arrivano dalle città: "In giro ci sono panico e caos. Gli operai abbandonano le aziende, centinaia di lavoratori della Veb Elektromechanik di Kaulsdorf hanno interrotto la produzione". Ancora più allarmato Siegfried Funke: "Adesso nelle fabbriche i segretari del partito vengono scannati in massa. Devono addossarsi colpe che sono del Politbjuro, siamo davanti a un vero e proprio terrorismo psicologico". "Cari compagni," grida al microfono Bernhard Quandt, piangendo, "oggi mi sono svegliato in lacrime perché il nostro partito, il nostro glorioso partito, rischia di sciogliersi. Non posso crederci."

Il 3 dicembre Krenz "il breve" si dimette, impotente, sostituito dall'avvocato Gregor Gysi, e il Comitato centrale espelle dal partito undici dirigenti, tra cui Mielke e, soprattutto, Honecker. Tocca al nuovo presidente del Consiglio Modrow dare l'annuncio choc che il potentissimo capo del Commercio con l'estero Alexander Schalck-Golodkowski (colonnello della Stasi in missione speciale, approvvigionatore di valuta forte per la Ddr, custode del conto in marchi occidentali 0628 a disposizione di Honecker) è fuggito dal Paese: "Stava negoziando con la Germania Federale, è sparito e solo questa notte ha telefonato dall'estero, non si sa da dove, per comunicare che aveva lasciato la Repubblica. Non abbiamo idea di dove sia ora". Nei verbali c'è il segno dello sconcerto del partito: "Ma è incredibile", "Dove siamo arrivati?", "Non ci posso credere", "Anche lui", "Porca puttana".

Il grande guardiano di quel mondo sta agonizzando, inutile nelle sue fondamenta di pietra infossate in una città non più divisa. Sono le ultime ore del mostro. Già il giorno dopo lo sfondamento che aveva fatto saltare la barriera di confine, comincia infatti la demolizione. Picconi, cacciaviti, martelli. Tutti picchiano contro il cemento, si vendicano, lo violentano. "Non volevamo più vedere il Muro, dovevamo liberarcene semplicemente per sgombrare lo sguardo," mi dice oggi Momper. C'è bisogno di riprendersi le zone imprigionate dal confine di cemento, confiscate dalla barriera, sfregiate dal filo spinato, comunque condannate a un'esistenza innaturale. Tra Bernauer Straße e Odeberger Straße arrivano di notte le ruspe, tagliano i due muri in sequenza, riempiono i fossati, spianano la strada e sopra passano l'asfalto. A mezzogiorno si apre la breccia a Potsdamer Platz, con le scavatrici e le gru. Alla vecchia stazione dell'Anhalter Bahnhof riemerge il relitto della facciata distrutta dalle bombe, stanno tagliando il cemento, recidono l'anima di ferro che corre dentro, portano via i blocchi scalpellati. Tabernacolo della paura per ventotto anni, adesso il Muro è disarmato, imbelle, ancora più incongruo. Nei varchi che si aprono tra le pietre smontate, restano in vista gli orticelli – come li chiamano i berlinesi –, fiori, pomodori e piante da frutto che provavano a crescere appoggiate al Muro per stare al caldo. La gente non è abituata alle nuove prospettive della città, senza il blocco della barriera, guarda e si stupisce di scoprire un'altra Berlino, fino a ieri nascosta dalla pietra. Tornano a vivere le strade morte, che non vedevano il Muro ma lo sentivano, troppo vicino in quella striscia di trincea larga trenta metri, dove una volta c'erano le mine e non poteva passare nessuno.

Come se il Muro fosse un segnale, la prima pietra divelta di quel mondo, è tutto l'Est che precipita, replicando con un'eco gigantesca il fragore della rottura del secolo nelle strade grigie della Ddr. In Polonia il governo comunista di Rakowski è saltato già ad agosto, in Ungheria l'ultimo leader comunista Grósz se n'è andato a inizio ottobre. Lo stesso giorno in cui si apre il confine a Berlino, a Sofia, assediato dalle manifestazioni di protesta, si dimette Todor Živkov, che aveva regnato sulla Bulgaria per trentacinque anni, e che verrà subito espulso dal partito, colpevole di una crisi economica durissima, con i negozi vuoti e dieci miliardi di dollari di debito pubblico. A Riga 500.000 persone celebrano in piazza l'anniversario dell'indipendenza della Lettonia, lungo le sponde del fiume Dvina. A Vilnius la Lituania degrada il Partito comunista, togliendogli il ruolo di guida del Paese. Poi, tocca a Praga. Nell'anniversario dell'uccisione di nove studenti che protestavano contro l'occupazione nazista, il 17 novembre, 20.000 uomini e donne affollano il cimitero in collina di Vyšehrad, il giorno dopo sono in 50.000 a urlare "Via la Gestapo" mentre la polizia li bastona inseguendoli nelle strade attorno a piazza San Venceslao, il mercoledì 250.000 persone applaudono Aleksander Dubček, il leader della "Primavera" stroncata dai carrarmati sovietici, che in un messaggio grida: "Basta con i tiranni". La piazza non si svuota più, diventa il presidio di un'opposizione che non sapeva di esistere, il regime tentenna, i dimostranti prendono forza, finché alle sette di venerdì sera il segretario generale del partito Miloš Jakeš si dimette con tutto lo stato maggiore brezneviano. Nel grande crollo anche il presidente della Repubblica Gustav Husak deve lasciare il Castello di Praga, dove negli ultimi giorni di dicembre entrerà Václav Havel, il commediografo leader del dissenso cecoslovacco, fondatore di Charta 77, eletto all'unanimità dal Parlamento ora presieduto da Dubček, in un risarcimento politico così perfetto da sembrare teatrale.

È un testacoda impensabile, un rovesciamento totale della storia. Toccando con mano tutto il suo drammatico ritardo, e la sua contraddizione, in Italia il Pci affronta il problema di quel nome – "comunista" – che il 1989 sta cancellando in tutto l'Est. Achille Occhetto il 12 novembre propone di cambiarlo: "Non dobbiamo continuare su vecchie strade, ma inventarne di nuove". La svolta passerà, ma il Pci dovrà superare le resistenze di Giancarlo Pajetta ("Io non mi vergogno del nostro nome"), gli attacchi al segretario di Alessandro Natta ("Tu lanci un seme velenoso") e di Pietro Ingrao ("Acchiappanuvole"), mentre saltano i centralini delle Botteghe Oscure e dell'"Unità" per le telefonate di protesta di iscritti ed elettori.

C'è ancora un Paese che resiste all'onda sismica del Muro crollato, la Romania. Ma il 16 dicembre scoppia a sorpresa una rivolta a Timişoara contro l'arresto del pastore protestante Lászlo Tőkés, portato via dalla polizia segreta, la Securitate. La folla brucia la sede del partito, compaiono i tricolori romeni con un buco al posto del simbolo comunista, si canta un inno proibito dal 1947: "Destati, o romeno / dal sonno pari a morte / nel quale ti ha gettato / il barbaro tiranno".

Cinque giorni dopo Ceauşescu convoca una manifestazione di sostegno al regime con i fedelissimi in prima fila, ma ha appena cominciato a parlare dal balcone di Piaţa Palatului quando dal fondo qualcuno grida "Timişoara, Timişoara", la folla sbanda, si avvicina al palazzo, la Securitate e l'esercito aprono il fuoco con blindati e panzer. È un massacro. Il mattino dopo Ceauşescu prova a riprendere il controllo della piazza affacciandosi al balcone con la moglie Elena, ma i fischi lo fanno rientrare di corsa per fuggire in elicottero, lasciando il palazzo con gli arredi rivestiti d'oro, le scarpe a centinaia della moglie, il bidet rosa, i suoi centocinque vestiti grigi, identici. La fuga si ferma a Târgovişte. Li arrestano il giorno di Natale e li processano sommariamente per genocidio, sabotaggio dell'economia romena e crimini contro lo Stato, condannandoli a morte. Li portano via chiusi nei loro cappotti pesanti, con le mani legate, mentre Ceauşescu canta l'*Internazionale* ed Elena chiede di morire insieme al marito. Il crepitare delle mitragliette che li uccidono da pochi metri è il suono che chiude il 1989.

Assorbendo su di sé tutta la furia della distruzione, tutta l'ansia della liberazione, il Muro ha evitato il sangue a Berlino. Non solo: l'indirizzo emblematico che la folla cercava nei suoi assalti era il Muro, non la sede del partito o del governo. Il Muro ha deviato il furore, l'ha attirato su di sé, simbolo ormai vuoto ma ostinato, fino all'ultimo giorno. Aperta la Porta di Brandeburgo, ora Kohl può andare avanti con il suo piano di riunificazione, prima cautamente, pensando di arrivarci in cinque anni, poi – ottenuto il via libera da Gorbačëv in cambio di 220 milioni di marchi di aiuti all'Urss – con la fretta e l'impazienza di chi sa di compiere finalmente il suo destino. Il 28 dicembre la folla della Ddr lo applaude a Dresda con un grido ("Germania") che rompe pubblicamente le ultime cautele. Il 18 marzo 1990, quando la Germania dell'Est vota per la prima volta liberamente, la coalizione conservatrice raggiunge il 48 per cento, i socialdemocratici si fermano al 22, la vecchia Sed – che adesso si chiama Pds – crolla dal potere totale al 16,3 per cento, i movimenti nati dal dissenso spariscono, il loro compito è finito. L'esito è deciso. Chiudono via via le 135 ambasciate della Ddr nel mondo, si spegne il telegiornale comunista. Il 3 ottobre 1990 la Germania è riunificata, il cambio tra il marco federale e la vecchia moneta della Ddr viene fissato a quota 1 a 1.

La storia si riavvolge, risale il secolo e dal Muro arriva alla Piazza Rossa, a Mosca, dove nel buio della sera di Natale del 1991 si vedono i fanali dell'auto che porta via Mikhail Gorbačëv dimissionario spuntare per l'ultima volta dalla porta della Torre Spasskaja. Poi, illuminata dai riflettori insieme con i fiocchi di neve, inquadrata dalle televisioni di tutto il mondo, scende dal pennone più alto del Cremlino dopo settantadue anni la bandiera rossa dell'Urss che non c'è più.

Prima, restava ancora un conto da regolare, nel cuore di Berlino. Precedendo di una settimana la caduta del Muro, i tritacarte si erano messi al lavoro in tutte le stanze della Stasi, distruggendo giorno e notte le prove del grande intreccio che soffocava la libertà, la trama incrociata di un Paese che spiava se stesso. Quando le macchine si fermano, surriscaldate, i fascicoli vengono distrutti a mano, fatti a pezzi. Si cerca di far scomparire la prova dell'abuso di Stato, della viltà degli informatori, del controllo totale.

Proprio in quelle ore sta facendo la stessa operazione a Dresda l'agente segreto Vladimir Putin, che brucia nella stufa tutti i rapporti, le liste dei contatti e la rete degli agenti, dopo aver spedito alla Lubjanka a Mosca i fascicoli più delicati.

Triturando la carta, la Stasi pensava di cancellare se stessa, annullando il peccato. Ma il 15 gennaio 1990 l'enorme città proibita della polizia segreta a Berlino Est viene assaltata dai cittadini che entrano negli uffici, profanano le stanze segrete, salvano gli archivi, mettono al sicuro le carte, le schedature, i filmati, le registrazioni. Trovano quindicimila sacchi dove sono finiti i fogli strappati a mano. Quei sacchi arrivano a Norimberga, dove dal 1995 comincerà il lavoro di ricostruzione di trentuno archivisti che accostano i frammenti per ricomporre il grande puzzle dello spionaggio, ore e ore di tentativi, con i lati dell'orrore che combaciano, gli angoli delle intercettazioni che coincidono, le particelle di un pedinamento che si combinano (ci vogliono più di novanta pezzi per ricostruire una pagina) e svelano la tragedia della Stasi. Un inferno di carta che potrà essere ricostruito solo in 372 anni.

Ma intanto, poco per volta, increduli, i vecchi dissidenti possono avvicinarsi alle stanze del terrore, farsi consegnare i dossier che li riguardano, scoprire chi li spiava nella cerchia degli amici e dei familiari, leggere i rapporti. Tra i primi, entrano nello stanzone il cantautore Wolf Biermann a cui fu impedito dal '65 di suonare e recitare i suoi versi in pubblico, con lo scrittore Jürgen Fuchs che la Stasi aveva bombardato di radiazioni per "marcarlo" e poterlo seguire più facilmente, con Katja Havemann, la moglie di Robert, il chimico comunista dissidente messo agli arresti domiciliari nella Ddr dal 1976 fino alla morte nel 1982. Sono l'aristocrazia dell'opposizione, e ora vedono per la prima volta la loro vita dall'altra parte, rovesciata nei faldoni ammucchiati sui tavoli, accatastati sul pavimento. L'ombra delle spie prende un contorno nei dossier di 350 pagine, i tre si leggono l'un l'altro i nomi in codice degli informatori ("Emma", "Jaker", "Karla", "Otto", "Lorenz", "Martina", "Chef" e anche "Faust"), si comunicano stupore e indignazione scoprendo complicità impensabili, e alla fine capiscono che quella dimensione parallela del sospetto e del terrore si è dissolta per sempre: loro stanno aprendo i dossier della polizia segreta e Mielke, il capo della Stasi, è appena entrato in cella nel carcere speciale di Hohenschönhausen, dove per anni aveva rinchiuso gli oppositori.

Mi sono affacciato allo spioncino della prigione per vedere la stanza 315 col letto pronto, ho camminato nei corridoi con le sirene che urlavano quando un detenuto passava dalla cella all'interrogatorio, per evitare il rischio che due dissidenti s'incontrassero. Ho parlato con le vecchie guardie, sono entrato nella stanza delle fotografie di matricola, nell'ufficio degli interrogatori, con la lampada della Stasi ancora sul tavolo e la sedia dove l'indagato doveva tenere le mani fisse sotto le cosce fino al momento supremo, la confessione. Qui sembra che non sia finita, che tutto sia ancora pronto, intatto.

Uscendo, viene da cercare il Muro.

Il Muro non c'è più, il Muro è dappertutto. I berlinesi hanno voluto cancellare la visione, liberare l'orizzonte. Ma la memoria è più ingombrante, e il tempo la lavora. Pezzi di Muro rimasti in piedi si trasformano in opere d'arte come a East Side Gallery, segni del percorso del Muro vengono tracciati sulle strade della vecchia Berlino Est, croci bianche spuntano sulla riva della Sprea per ricordare le fughe disperate, i tuffi, le uccisioni. Banalmente, lottizzando le reminiscenze, frammenti di Muro veri o falsi finiscono sui banchetti ambulanti, come memorabilia incellofanate della Ddr. D'altra parte, già il 23 giugno 1990 al Grand Hotel Metropole di Montecarlo erano state messe all'asta 16 tonnellate di pezzi sparsi della barriera, tra miliardari americani e contesse, con la promessa di usare il ricavato per aiutare la sanità pubblica nella Ddr. Il Muro è scomparso, ma il suo segno nella storia di Berlino non si annulla. Non si può cancellare una delle tracce più profonde lasciate dal Novecento.

Lo sanno i cani di confine, addestrati a lungo dai Vopos per cacciare i fuggitivi e poi, dopo il crollo, messi in vendita. Raccontano le guardie del carcere che per anni, quando arrivavano di notte nei punti della città dove una volta c'era il Muro, quei cani si mettevano a correre e abbaiare, come se dovessero ancora presidiare la sabbia della zona di nessuno. Come se il Muro fosse eterno e il suo fantasma di pietra, testardo, sopravvivesse alla caduta.

Ringraziamenti

Tutto ciò che prende forma da un'idea giornalistica è frutto di un impegno collettivo. È il caso di questo libro, che ha un suo primo nucleo in una serie di racconti per "la Repubblica", a cui ho aggiunto qui un lavoro di reportage dalla Germania e dalla Polonia, con interviste ai protagonisti dei ventotto anni di vita del Muro, e ricognizioni nei luoghi più significativi e importanti di quella lunga storia.

Ringrazio il gruppo di "Repubblica" che ha condiviso questa avventura, i direttori Carlo Verdelli e Mario Calabresi, Angelo Rinaldi, Valentina Desalvo e Dario Olivero. A Berlino, Tonia Mastrobuoni è stata un'amica generosa, appassionata e intelligente, Andrea Tarquini mi ha assistito e guidato in ogni capitolo. Elena Girardi ha svolto un lavoro fondamentale di documentazione e ricerca, Fausta Mattei e Stella Somma hanno curato la bibliografia e il coordinamento. Il supporto storico di Luigi Gaetani dell'Aquila d'Aragona mi è stato di grande aiuto.

Devo un ringraziamento particolare alla squadra di "Stand by me", che mi ha accompagnato in tutti i viaggi, dividendo la passione, la conoscenza e le sorprese di questa esperienza sul campo.

Alessia Dimitri ha seguito passo passo il libro mentre prendeva forma, in un confronto continuo, con grande competenza e amicizia: con lei ringrazio per la cura e l'attenzione tutto il team Feltrinelli.

Bibliografia

Anne Applebaum, *La Cortina di ferro*, Mondadori, Milano 2016.

Flavia Arzeni, *Berlino. Un viaggio letterario*, Sellerio, Palermo 1998.

Stephen Barber, *Berlin Bodies*, Reaktion Books, London 2017.

G. Barraclough, *Le origini della Germania moderna*, voll. 24, 25, Sansoni, Firenze 1959.

Antony Beevor, *Berlino 1945*, Rizzoli, Milano 2002.

Walter Benjamin, *Infanzia berlinese*, Einaudi, Torino 2007.

Enzo Bettiza, *1989. La fine del Novecento*, Mondadori, Milano 2009.

Paul Betts, *Within Walls. Private Life in the German Democratic Republic*, Oxford University Press, Oxford 2012.

Giorgio Boatti, *C'era una volta la Guerra Fredda*, Baldini&Castoldi, Milano 1994.

Angelo Bolaffi, Pierluigi Ciocca, *Germania/Europa*, Donzelli, Roma 2017.

Thomas Brussig, *Eroi come noi*, Mondadori, Milano 1999.

Paolo Chiarini, Antonella Gargano, *La Berlino dell'Espressionismo*, Editori Riuniti, Roma 1997.

Alfred Döblin, *Berlin Alexanderplatz*, Rizzoli, Milano 2018.

Hans Magnus Enzensberger, *Mausoleum*, Einaudi, Torino 2017.

Gianluca Falanga, *Spie dall'Est. L'Italia nelle carte segrete della Stasi*, Carocci, Roma 2014.

Id., *Il Ministero della paranoia. Storia della Stasi*, Carocci, Roma 2018.

Franco Farinelli, *Geografia*, Einaudi, Torino 2003.

Thomas Flemming, *Il Muro di Berlino. Una città divisa in due*, Be.bra Verlag, Berlin-Brandenburg 2001.

Anna Funder, *C'era una volta la Ddr*, Feltrinelli, Milano 2018.
Timothy Garton Ash, *Il dossier*, Garzanti, Milano 2017.
Joachim Gauck, *Libertà!*, add, Torino 2013.
M.L. Gennaro, *La battaglia di Berlino*, De Vecchi, Milano 1974.
Mikhail Gorbačëv, *Il nuovo Muro. Un protagonista del Novecento racconta il mondo di oggi e il sistema Putin*, Sperling & Kupfer, Milano 2015.
Günter Grass, *Dal diario di una lumaca*, Einaudi, Torino 1974.
Id., *Da una Germania all'altra. Diario 1990*, Einaudi, Torino 2012.
Christopher Isherwood, *Addio a Berlino*, Adelphi, Milano 2013.
Furio Jesi, *Germania segreta*, nottetempo, Milano 2018.
Frederick Kempe, *Berlin 1961. Kennedy, Khrushcev, and the most dangerous place on earth*, Penguin Books, London 2012.
Ian Kershaw, *All'inferno e ritorno. Europa 1914-1949*, Laterza, Roma-Bari 2016.
Stephen Kotkin, *Uncivil Society*, Modern Library Edition, New York 2009.
Brian Ladd, *The Ghosts of Berlin*, The University of Chicago Press, Chicago 2018.
Ulrich Mählert, *La Ddr. Una storia breve 1949-1989*, Mimesis, Milano-Udine 2009.
Thomas Mann, *Doctor Faustus*, Mondadori, Milano 2017.
Id., *Carlotta a Weimar*, Mondadori, Milano 2018.
Michael Meyer, *L'anno che cambiò il mondo*, il Saggiatore, Milano 2013.
Greg Mitchell, *Tunnel 1962. Fuga sotto il Muro di Berlino*, Utet, Milano 2017.
Peter Molloy, *La vita ai tempi del comunismo*, Bruno Mondadori, Milano 2009.
Stephen Parker, *Bertolt Brecht. A Literary Life*, Bloomsbury, London 2014.
Vladimir Putin, *Memorie d'oltrecortina*, Carocci, Roma 2001.
Alexandra Richie, *Berlino. Storia di una metropoli*, Mondadori, Milano 2003.
Andrea Rota, *Tra silenzio e parola. Riflessioni sul linguaggio nella letteratura tedesco-orientale dopo il 1989. Christa Wolf e Kurt Drawert*, Università degli Studi di Trento, Trento 2010.
Joseph Roth, *A passeggio per Berlino*, Passigli, Firenze 2012.
Jacques Rupnik, *Senza il Muro*, Donzelli, Roma 2019.

Norbert Schurer, *Berlino, ritratto di una città*, Odoya, Milano 2014.
Lutz Seiler, *Kruso*, Del Vecchio, Roma 2015.
Gitta Sereny, *Germania. Il trauma di una nazione*, Rizzoli, Milano 2002.
Edith Sheffer, *Burned Bridge*, Oxford University Press, Oxford 2014.
Tom Shore, *Pilgrim Spy. My secret war against Putin, the Kgb and the Stasi*, Coronet, London 2018.
Frederick Taylor, *Il Muro di Berlino*, Mondadori, Milano 2009.
Christa Wolf, *Il cielo diviso*, edizioni e/o, Roma 2004.
Ead., *Che cosa resta*, edizioni e/o, Roma 2009.
Ead., *La città degli angeli*, edizioni e/o, Roma 2012.
Markus Wolf con Anne McElvoy, *L'uomo senza volto*, Rizzoli, Milano 1997.

Miscellanee

Beyond the Wall. Art and artifacts from the GDR, Taschen, Köln 2014.
Icons. Ddr Design, Taschen, Köln 2004.
Il Muro di Berlino 1961-1989. Fotografie della collezione dell'Archivio di Stato di Berlino, Berlin Story Verlag, Berlin 2016.
Limes, *Essere Germania*, 12/2018, Roma.
L'ultima Germania, il Mulino 1/17, anno LXVI, numero 489, Bologna.
Ricerche dell'Istituto storico germanico di Roma, *Italia e Germania dopo la caduta del Muro*, a cura di Monica Fioravanzo, Filippo Focardi e Lutz Klinkhammer, Viella, Roma 2019.
Riflessioni sulla Ddr. Prospettive internazionali e interdisciplinari vent'anni dopo, a cura di Magda Martini e Thomas Schaarschmidt, il Mulino, Bologna 2011.
Sangue sul Muro (Libro Bianco su Berlino), Edizioni Oltrecortina, Roma-Milano 1962.
The Fall of the Berlin Wall. The revolutionary legacy of 1989, edited by Jeffrey A. Engel, Oxford University Press, Oxford 2009.
Wende Museum, *The East German Handbook*, Taschen, Köln 2017.

Cronologia

1945 Conferenza di Potsdam.

1947 Firma dei Trattati di pace di Parigi. Harry Truman, presidente degli Stati Uniti, inaugura la "dottrina Truman" e fonda la Cia (Central Intelligence Agency), mentre il segretario di Stato George C. Marshall elabora il piano di assistenza European Recovery Program. L'Urss fonda il Cominform (Ufficio di informazione dei partiti comunisti e operai).

1948 Il Partito comunista prende il potere in Cecoslovacchia. Stalin ordina un blocco delle comunicazioni stradali e ferroviarie con Berlino Ovest, cui fa seguito l'inizio del ponte aereo alleato verso la città.

1949 L'Urss istituisce il Comecon (Consiglio di mutua assistenza economica) tra gli Stati comunisti. Nasce la Nato (Organizzazione del Trattato Atlantico del Nord). I settori della Germania controllati da Francia, Regno Unito e Stati Uniti si fondono. Nascono la Repubblica Federale Tedesca (Brd), con capitale Bonn, e la Repubblica Democratica Tedesca (Ddr), con capitale Berlino Est.

1952 A Parigi viene firmato il trattato che istituisce la Ced (Comunità europea di difesa). Dwight D. Eisenhower, nuovo presidente degli Stati Uniti, inaugura la politica del "Roll Back".

1953 Muore Stalin. Primo sciopero degli operai nella Ddr.

1954 La Repubblica Federale Tedesca aderisce alla Nato.

1955 I Paesi comunisti dell'Europa dell'Est aderiscono al Patto di Varsavia.

1956 Chruščëv avvia un processo di destalinizzazione. Il premier Imre Nagy annuncia l'uscita dell'Ungheria dal Patto di Varsavia, ma l'Armata Rossa reprime la rivolta di Budapest, senza che i Paesi occidentali intervengano.

1957 L'Urss lancia in orbita il primo satellite artificiale, lo *Sputnik*, e il primo essere vivente, la cagnetta Laika. Erich Mielke assume la direzione del ministero per la Sicurezza dello Stato (Stasi) della Ddr.

1958 Gli Usa mandano in orbita il loro primo satellite artificiale, l'*Explorer 1*. Comincia a operare la Nasa (Agenzia per il programma spaziale degli Stati Uniti), fondata da Eisenhower.

1959 Il vertice tra Eisenhower e Chruščëv a Camp David inaugura una fase di "distensione" nella Guerra fredda.

1960 John Fitzgerald Kennedy viene eletto presidente degli Stati Uniti.

1961 Il sovietico Jurij Gagarin è il primo uomo nello spazio. Nella Baia dei Porci, a Cuba, fallisce lo sbarco organizzato dalla Cia di 1500 esuli cubani per destituire Fidel Castro. Nella notte del 12 agosto la Germania Est, guidata dal 1950 da Walter Ulbricht, costruisce a Berlino un muro che divide la città.

1962 Crisi dei missili a Cuba.

1963 Prima di essere ucciso a Dallas, a Berlino Kennedy si impegna per la riunificazione tedesca.

1964 Chruščëv viene destituito. Prende le redini del Pcus Leonid Brežnev, che rallenta il processo di destalinizzazione.

1966 Nella Germania Ovest nasce la "Grande coalizione" tra Spd e Cdu: Kurt Kiesinger è nominato cancelliere, Willy Brandt vice.

1967 Il capo del Partito comunista Nicolae Ceauşescu diventa presidente della Romania.

1968 Le truppe sovietiche mettono fine alla "Primavera di Praga", inaugurata dal presidente riformista Alexander Dubček.

1969 Lo studente Jan Palach si dà fuoco per protesta in piazza San Venceslao a Praga. L'*Apollo 11* (Usa) sbarca sulla Luna.

1970 Willy Brandt, nuovo cancelliere della Repubblica Federale Tedesca, inaugura l'Ostpolitik e riconosce la linea Oder-Neisse con la Polonia e le frontiere tedesche.

1971 Walter Ulbricht si dimette dalla guida della Sed, lo sostituisce Erich Honecker.

1974 Viene scoperta l'identità del consigliere di Willy Brandt, Günter Guillaume, spia al servizio della Stasi.

1976 A Wolf Biermann, dopo un concerto tenuto a Colonia, viene impedito il ritorno nella Ddr.

1977 Esce *Charta 77*, il manifesto firmato da 240 intellettuali cecoslovacchi per chiedere il rispetto dei diritti civili. Jimmy Carter è il nuovo presidente degli Stati Uniti.

1980 A Belgrado muore il maresciallo Tito. Sciopero nei cantieri navali di Danzica, in Polonia. Si diffonde il sindacato indipendente di Solidarność guidato da Lech Wałęsa.

1981 Ronald Reagan è il nuovo presidente degli Usa. Colpo di Stato in Polonia. Solidarność è dichiarato fuori legge e viene imposta la legge marziale.

1982 Muore Brežnev. Prende il suo posto Jurij Andropov, ex capo del Kgb.

1985 Mikhail Gorbačëv è il nuovo segretario del Pcus. Inaugura la Perestrojka e la Glasnost.

1986 Vertice tra Gorbačëv e Reagan a Reykjavik, per discutere la riduzione degli arsenali nucleari in Europa. Markus Wolf, per anni a capo dei servizi di intelligence della Ddr, si ritira.

1987 A Washington Usa e Urss firmano il trattato Inf per lo smantellamento dei missili tattici nucleari in Europa.

1989

25 marzo. Elezioni a suffragio diretto per il Congresso del popolo dell'Urss.

17 aprile. In Polonia viene riconosciuto ufficialmente Solidarność di Lech Wałęsa, che alle elezioni del 18 giugno ottiene la maggioranza assoluta.

2 maggio. In Ungheria inizia lo smantellamento della Cortina di ferro con l'Austria.

9 settembre. Nascita del movimento Neues Forum, cui seguirà quella del Demokratischer Aufbruch. Inizio delle manifestazioni di piazza a Lipsia, Dresda e Berlino Est. La più imponente si svolgerà ad Alexanderplatz il 4 novembre.

18 ottobre. Erich Honecker, il segretario del Partito comunista della Ddr, si dimette. Lo sostituisce Egon Krenz.

Inizio novembre. Erich Mielke ordina la distruzione dei documenti della Stasi.

8 novembre. Dimissione del Bjuro della Sed, da cui pochi giorni prima era stata espulsa Margot Honecker.

9 novembre. Cade il Muro di Berlino.

11-18 novembre. Circa 5 milioni di persone si riversano in Occidente.

12 novembre. Achille Occhetto annuncia la cosiddetta "svolta della Bolognina".

13 novembre. Hans Modrow viene nominato primo ministro della Ddr.

20 novembre. A Praga si dimette Miloš Jakeš, il segretario del Partito Comunista della Cecoslovacchia, e a dicembre Alexander Dubček viene eletto presidente dell'Assemblea federale cecoslovacca.

28 novembre. A Bonn, il Bundestag approva il piano di Helmut Kohl per la riunificazione tedesca.

27 dicembre. A Bucarest vengono giustiziati Nicolae ed Elena Ceauşescu.

1990 La Germania è riunificata.

1991 L'Urss si scioglie ufficialmente.

Indice dei nomi

Indice

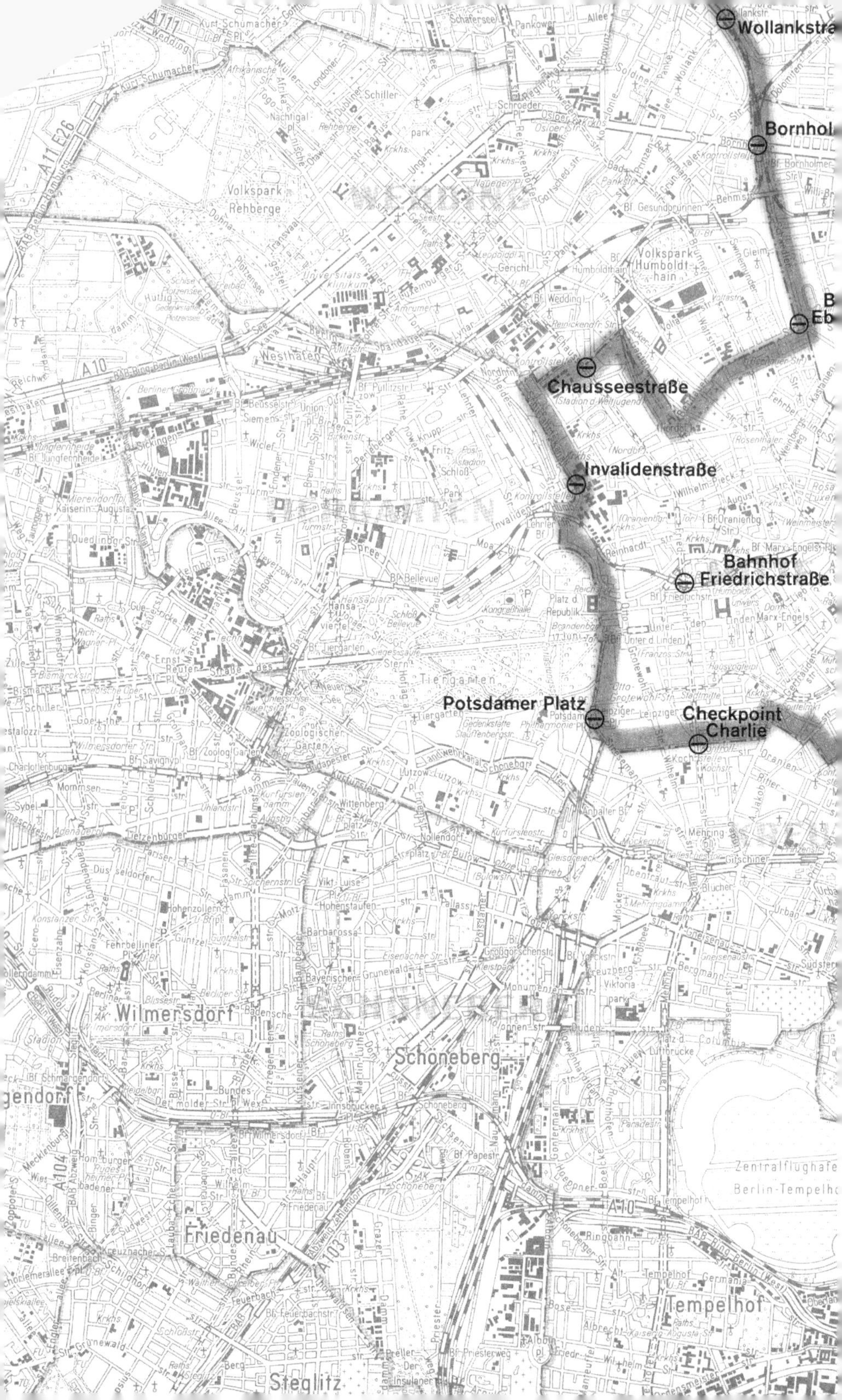

Wollankstr
Bornhol
Chausseestraße
Invalidenstraße
Bahnhof
Friedrichstraße
Potsdamer Platz
Checkpoint
Charlie
Volkspark
Rehberge
Volkspark
Humboldt-
hain
Tiergarten
Wilmersdorf
Schöneberg
Friedenau
Tempelhof
Steglitz
Zentralflughafen
Berlin-Tempelhof